REVELATION
DE SEPT EGLISES D'ASIE

DR. RAHA MUGISHO

Order this book online at www.trafford.com
or email orders@trafford.com

Most Trafford titles are also available at major online book retailers.

Printed in the United States of America.

ISBN: 978-1-4669-3029-2 (sc)
ISBN: 978-1-4669-3028-5 (e)

Trafford rev. 04/26/2012

 www.trafford.com

North America & international
toll-free: 1 888 232 4444 (USA & Canada)
phone: 250 383 6864 ♦ fax: 812 355 4082

REVELATION DE SEPT EGLISES D'ASIE

Christian International
Solidarity

P.O.BOX 1015 LEESBURG VA
20177 USA

csolidarity@raha.us.tt

Jesus-Christ est l'Alpha et
l'Omega

Dr. RAHA MUGISHO

La revelation de sept églises est très capitale à tous les chrétiens. Elle
revèle toutes les ruses de Satan pour souiller les enfants de Dieu. Dieu
nous appelle tous à la sainteté et à l'amour reel tout en repondant à la
voix de la grande commission, apporter la bonne parole à toutes les
nations et former les disoples dans le monde entier.

TABLE DES MATIERES

DEDICACE

Ce livre est dédie à tous mes frères et sœurs et mes enfants et neveux; aux serviteurs de Dieu.

La vraie richesse qu'un parent peut laisser à son enfant est la sagesse.

En dehors de ces écrits tu ne peux rien gagner sur cette terre.

Les gens très puissants sont partis sans apporter aucun matériel dans le pays du silence.

Mais ceux qui ont marché avec intégrité craignant Dieu, ils vivent bien qu'ils soient décédés.

Nous sommes bénis lorsque nous citons les exemples d'Abraham, Isaac, Jacob et de tous les apôtres de Jésus Christ. Ils avaient choisi un chemin de sainteté, une voix d'obéissance. Ils voyaient des choses que le monde ne voyait pas et leur langage portait toujours; « Que la volonté de Dieu soit faite ».

Dieu ne fait acception de personne, tout celui qui acceptera Jésus comme son Seigneur et Sauveur et qui marchera selon sa volonté est un homme très riche. Sa richesse est impérissable. Ce livre t'aidera

dans toute ta vie et aussi aux fruits de tes entrailles.

Bienaimés, vos bénédictions dépendront de l'application complète des enseignements que Le St Esprit

a mis dans ma bouche pour sanctifier son église.

Dans le même moment je fais ce cadeau à tous les croyants de toutes langues et couleurs.

Vous allez vous découvrir dans ces enseignements afin que vous héritiez un beau pays.

Un pays et une ville que Dieu a préparé pour vous, vous qui êtes une race élue, un sacerdoce royal, une nation sainte, un peuple acquis, afin que vous annonciez les vertus de celui qui vous a appelés de ténèbres à son admirable lumière. Vous qui autrefois n'étiez pas un peuple, et qui maintenant êtes le peuple de Dieu, vous qui n'aviez pas obtenu miséricorde, et qui maintenant avez obtenu miséricorde. 1 Pi, 2, 9-10

Marchez maintenant dans votre nouvelle identité pour mériter ces acquis.

**LE MESSAGER POUR CETTE GENERATION,
LE PROPHETE NEEMA**

INTRODUCTION

ENSEIGNEMENT SUR L'APOCALYPSE OU LA RÉVÉLATION DE JÉSUS-CHRIST.

Cette révélation s'avère nécessaire à tous les serviteurs de Dieu en général et à tous les chrétiens en particulier.

Je rends grâce à Dieu qui m'a mis à cœur la reprise de cette révélation qui doit profiter et à moi et aussi à tout le corps de Christ.

Nous avons deux mondes devant nous, le spirituel et le physique, La volonté de Dieu pour ses élus est que nous ne puissions pas oublier le monde spirituel avec ses principes. Dieu veut que nous fassions référence pour tout comportement, au principe spirituel. C'est ainsi que nous serons vainqueurs et ami de Dieu. Galate.1: 6-12

« Je m'étonne que vous vous détourniez si promptement de celui qui vous a appelés par la grâce de Christ, pour passer à un autre Evangile. Non pas qu'il y ait un autre Evangile, mais il y a des gens qui vous troublent, et qui veulent renverser l'Evangile de Christ.

Mais, quand nous mêmes, quand un ange du ciel annoncerai un autre Evangile que celui que nous vous avons prêché, qu'il soit anathème. Et maintenant, est-ce la faveur des hommes que je désire, ou celle de Dieu? Est-ce que je cherche à plaire aux hommes? Si je plaisais encore aux hommes, je ne serais pas serviteur de Christ.

Je vous déclare, frères que L'Evangile qui a été annoncé par moi n'est pas de l'homme. Car je ne l'ai ni reçu ni appris d'un homme, mais par une révélation de Jésus-Christ ».

Il est vrai que beaucoup parmi les serviteurs de Dieu se sont détournés de l'Evangile à cause des gains de ce monde. Ils oublient les gains qu'offre le monde spirituel.

Chaque chose touchera à sa fin et le monde ne nous aidera en rien si nous nous en passons des principes du monde spirituel. Nous avons reçu tout par la grâce de Dieu non pas que nous l'avions mérité.

Refuser Christ c'est accepter le diable: Actuellement, nous n'avons pas besoin de religion mais nous avons grandement besoin de la vie de Jésus en nous. La foi et la sainteté dans nos relations avec Dieu sont requises.

Vous allez remarquer dans cet enseignement que j'ai minimisé l'histoire, mais j'ai presque parlé du côté spirituel. Ceci, parce que la plupart de temps cette histoire n'est pas exacte, chacun la présente d'après sa compréhension et son interprétation.

JEAN AUX
SEPT EGLISES D'ASIE

Le premier verset dit "Révélation de Jésus-Christ que Dieu lui a donné pour montrer à ses serviteurs...par l'envoi de son ange à son serviteur Jean. (1:1)

Ensuite, Dieu stipule l'importance de lire, d'entendre et de garder les paroles de ce livre. C'est l'unique livre dans la bible qui commence par les bénédictions de lire et d'entendre et aussi de garder. "Heureux celui qui lit et ceux qui entendent les paroles de la prophétie, et qui gardent les choses qui y sont écrites. Car le temps est proche. (1:3) Efforce toi de lire, d'entendre soit par radiocassette, ou CD, c'est pour ton avantage.

Le verset 7. "Voici il vient avec les nuées, et tout œil verra, même ceux qui l'ont percé; et toutes les tribus.........se lamenteront à cause de Lui, Oui. Amen

Le verset 7 nous présente un événement qui est différent de l'enlèvement de L'Eglise. Nous devons différencier l'enlèvement de l'église et le retour de Jésus-Christ. L'enlèvement de l'église sera uniquement pour les saints tandis que dans le retour, tout œil verra Jésus-Christ. Les nuées que nous lisons seront les saints qui viendront avec Le Seigneur. Avant de venir avec les saints Il doit d'abord venir les prendre.

REGARDONS LES VERSETS QUI PARLENT DE L'ENLÈVEMENT DE L'EGLISE

Jean.14: 2-3 Il y a plusieurs demeures dans la maison de mon Père; Si cela n'était pas, je vous l'aurais dit, je vais vous préparer une place. Et lorsque je m'en serai allé, et que je vous aurai préparé une place je reviendrai, et je vous prendrai avec moi, afin que là où je suis vous y soyez aussi.

1 Corinth 15; 52-58 En un instant, en un clin d'œil, à la dernière trompette. La trompette sonnera, et les morts ressusciteront incorruptibles, et nous nous serons changés. Car il faut que ce corps corruptible revête l'incorruptibilité, et que ce corps mortel revête l'immortalité. Lorsque ce corps corruptible aura revêtu l'immortalité, alors s'accomplira la parole qui est écrite; La mort a été engloutie dans la victoire. O mort, où est ta victoire? O mort où est ton aiguillon? L'aiguillon de la mort, c'est le péché; et la puissance du péché c'est la loi. Mais grâces soient rendues à Dieu, qui nous donne la victoire par notre Seigneur Jésus-Christ.

Ainsi mes frères bien aimés, soyez fermes, inébranlables, travaillant de mieux en mieux à l'œuvre du Seigneur, sachant que votre travail ne sera pas vain dans Le Seigneur.

1Thes 4; 13-18 Nous ne voulons pas, frères, que vous soyez dans l'ignorance au sujet de ceux qui dorment, afin que vous ne vous affligiez pas comme les autres qui n'ont point d'espérance. Car si nous croyons que Jésus est mort et qu'il est ressuscité, croyons aussi que Dieu ramènera par Jésus et avec Lui ceux qui sont morts. Voici en effet, ce que nous vous déclarons d'après la parole du Seigneur: nous vivants, restons pour l'avènement du Seigneur, nous ne devancerons pas ceux qui sont morts. Car Le Seigneur lui même, à un signal donné, à la voix d'un archange, et au son de la trompette de Dieu, descendra du ciel, et les morts en Christ ressusciteront premièrement. Ensuite, nous les vivants, qui serons restés, nous serons tous ensemble enlevés avec eux sur des nuées, à la rencontre du Seigneur dans les airs, et ainsi nous serons toujours avec Le Seigneur. Consolez-vous donc les uns les autres par ces paroles.

2Thes2;7

"Car le mystère de l'iniquité agit déjà; il faut seulement que celui qui le retient encore ait disparu". C'est L'Epouse de Christ qui est son église qui le retient.

RETOUR DE JESUS-CHRIST

Esaie. 2: 12, 17-22 Car il y a un jour pour L'Eternel des armées contre tout homme orgueilleux et hautain, contre quiconque s'élève, afin qu'il soit abaissé; L'homme orgueilleux sera humilié, et le hautain sera abaissé: L'Eternel seul sera élevé ce-jour là. Toutes les idoles disparaitront. On entrera dans les cavernes des rochers et dans les profondeurs de la poussière, pour éviter la terreur de L'Eternel et l'éclat de sa majesté, quand Il se lèvera pour effrayer la terre. En ce jour là, les hommes jetteront leurs idoles d'argent et leurs idoles d'or, qu'ils s'étaient faites pour les adorer... ils entreront dans les fentes des rochers et dans les creux des pierres, pour éviter la terreur de L'Eternel et l'éclat de sa majesté, quand Il se lèvera pour effrayer la terre. Cessez de vous confier en l'homme, dans les narines duquel il n'y a qu'un souffle: Car de quelle valeur est-il ? Daniel.7: 13-14 Zacharie. 12;10-11, 13.2-5, 13.6 (la plaie)

Zacharie.12; 10-11. 13; 2-5.13; 6. 14; 2-21 à lire séparément Alors je répandrai sur la maison de David et sur les habitants de Jérusalem un Esprit de grâce et de supplication, et ils tourneront les regards vers moi, qu'ils ont percé. Ils pleureront sur Lui comme on pleure sur un fils unique, ils pleureront amèrement sur lui comme on pleure sur un premier né. En ce jour- là, le deuil sera grand à Jérusalem, comme le deuil d'hadadrimmon dans la vallée de Meguiddon.

En ce jour-là, dit L'Eternel des armées, j'exterminerai du pays les noms des idoles, afin qu'on ne s'en souvienne plus; J'ôterai aussi du pays les prophètes et l'esprit d'impureté. Si quelqu'un prophétise encore, son père et sa mère, qui l'ont engendré, lui diront: Tu ne vivras pas, car tu dis des mensonges au nom de L'Eternel ! Et son père et sa mère, qui l'ont engendré, le transperceront quand il prophétisera. En ce jour-là, les prophètes rougiront de leurs visions quand ils prophétiseront, et ils ne revêtiront plus un manteau de poil pour mentir. Chacun d'eux dira: Je ne suis pas prophète, je suis laboureur, car on m'a acheté dès ma jeunesse. Et si on lui demande: D'où viennent ces blessures que tu as aux mains ? Il répondra: C'est dans la maison de ceux qui m'aimaient que je les ai reçues.

14; 2… Je rassemblerai toutes les nations pour qu'elles attaquent Jérusalem; La ville sera prise, les maisons seront pillées, et les femmes violées; La moitié de la ville ira en captivité, mais le reste du peuple ne sera pas exterminé de la ville. L'Eternel paraîtra, et il combattra ces nations, comme il combat au jour de la bataille. Ses pieds se poseront en ce jour sur la montagne des oliviers,…

Matthieu 24; 27-30 Car, comme l'éclair part de L'Orient et se montre jusqu'en occident, ainsi sera l'avènement du Fils de l'homme. En quelque lieu que soit le cadavre, là s'assembleront les aigles. Aussitôt après ces jours de détresse, le soleil s'obscurcira, la lune ne donnera plus sa lumière, les étoiles tomberont du ciel, et les puissances des cieux seront ébranlées. Alors le signe du Fils de l'homme paraîtra dans le ciel, toutes les tribus de la terre se lamenteront, et elles verront le Fils de L'homme venant sur les nuées du ciel avec puissance et une grande victoire.

Jude1.14-16 C'est aussi pour eux qu'Enoch, le septième depuis Adam, a prophétisé, en ces termes: Voici, le Seigneur est venu avec ses saintes myriades, pour exercer un jugement contre tous, et pour faire rendre compte à tous les impies parmi eux de tous les actes d'impiétés qu'ils ont commis et de toutes les paroles injurieuses qu'ont proférées contre lui des pécheurs impies.

Ce sont les gents qui murmurent, qui se plaignent de leur sort, qui marchent selon leur convoitises, qui ont à la bouche des paroles hautaines, qui admirent les personnes par motif d'intérêt.

Au chapitre 1;9 Moi Jean, votre frère, et qui ai part avec vous à la tribulation et au royaume, et à la persévérance en Jésus, j'étais dans l'ile appelée Patmos, à cause de la parole de Dieu et du témoignage de Jésus-Christ.

Nous sommes appelés à être partout et en toutes circonstances apportant la parole de Dieu et son témoignage. Dans la joie comme dans les souffrances n'oublions pas que nous avons ce devoir. Les attaques de la mort ou les intimidations de diverses façons sont les armes de Satan. Mais Jean qui normalement était envoyé pour mourir dans l'ile Patmos, par contre Il a reçu un message de la révélation de Jésus-Christ. Tous ceux qui ont apporté l'Evangile de puissance ont passé par des tribulations et presque tous les disciples furent des martyrs à cause de la parole de Dieu. Moi même je fus arrêté et battu comme un voleur à cause de la parole de Dieu. Le porteur de l'Evangile ne doit pas seulement regarder le côté, prospérité, abondance et joie mais il doit être aussi prêt à souffrir pour cause de L'Evangile.

UN BREF APPECU HISTORIQUE SUR LE RETOUR DE JESU-CHRIST

L'Eglise sera enlevée et sera avec Le Seigneur Jésus dans les airs durant Sept ans d'après la vision prophétique. L'Antéchrist cherchera des accords de paix pendant trois ans et demi et l'autre moitié des années sera des persécutions Dan 9; 27 Il fera une solide alliance avec plusieurs pendant une semaine, et durant la moitié de la semaine il fera cesser le sacrifice et l'offrande; le dévastateur commettra les choses les plus abominables, jusqu'à ce que la ruine et ce qui a été résolu fondent sur le dévastateur. Tous ceux qui refuseraient de prendre la marque de la bête dont le no 666 sur la tête et aussi sur la main passeront par des tortures terribles. Ceux qui seront torturés seront tous les chrétiens qui seront laissés pendant l'enlèvement et qui refuseront de prendre cette marque. En acceptant cette marque on devient la propriété de Satan et aucun salut ne peut être apporté. Sans avoir cette marque on ne pourra ni vendre ni acheter. Rev.13:16-18

C'est ainsi que chaque enfant de Dieu doit veiller nuits et jours pour répondre au premier rendez-vous de L'époux. La bible nous dit; « Alors, de deux hommes qui seront dans un champ, l'un sera pris et l'autre laissé; de deux femmes qui moudront à la meule, l'une sera prise et l'autre laissée. Veillez donc puisque vous ne savez pas quel jour votre Seigneur viendra (enlèvement de L'église). » Matt 24; 40-42 Dans Luc, il est dit dans 17; 34 « Je vous le dis, en ce jour- là, de deux personnes qui seront dans un même lit, l'une sera prise et l'autre laissée. Rentrons dans Matthieu 24; 21 Car alors, la détresse sera si grande qu'il n'y en a point eu de pareille depuis le commencement du monde jusqu'à présent, et qu'il n'y en aura jamais.

Israël se retranchera des alliances avec Antéchrist quand celui –ci souillera l'endroit saint. Celui-ci causera que toutes les nations attaquent Jérusalem; Israël sera dans la désolation. Jérusalem sera pris, les maisons pillées, et les femmes violées; La moitié de la ville ira en captivité, mais le reste du peuple ne sera pas exterminé de la ville. Zach 14; 1-2 (ZAC 12; 1-4, 13; 1-9)

Cette guerre est appelée celle d'Armageddon. Comme Israël trouva le salut en Egypte par les mains de Moise, cette fois –ci, Jésus Lui-même descendra avec ses saints pour punir ceux qui ont ravagé Israël. Leur chair tombera en pourriture tandis qu'ils seront sur leurs pieds, leurs yeux tomberont en pourriture dans leurs orbites, et leur langue tombera en pourriture dans leur bouche. ZAC 14; 12 Ils combattront contre l'agneau et l'agneau les vaincra, parce qu'Il est Le Seigneur des seigneurs et Le Roi des rois, et les appelés, les élus et les fidèles qui sont avec lui les vaincront aussi. Rev 17; 14 La fête des oiseaux pour manger la chair des grands de ce monde, aura lieu après cette victoire. Rev.19; 17-21(lire très soigneusement).

Le Seigneur viendra avec son épouse, (les saints qui furent enlevés) et Il aura ses invités à son noce qui sont les 144,000 de tribus d'Israël. La scène qui s'était passée avec Joseph le fils de Jacob en Egypte s'est réalisée aussi avec Le Seigneur. Joseph avait ses invités qui furent ses frères mais sa femme était une étrangère. La femme est privilégiée parce qu'elle peut entrer partout dans sa maison tandis que ses frères sont limités. Le Seigneur Jésus a épousé une femme étrangère, et pendant la fête de son noce, ses frères les juifs y sont invités. Ne confondez pas les 144,000 personnes et l'épouse de Jésus-Christ. Rev. 7; 4-10

La phase suivante, le faux prophète et l'antéchrist seront jetés vivants dans l'étang ardent de feu et de soufre, sachons que c'est l'inauguration de la géhenne Rev 19; 20. Ceux qui meurent dans le péché actuellement vont dans l'enfer; un endroit intermédiaire avant d'être jeté dans la géhenne au jugement dernier. Ceux qui meurent dans Le Seigneur ils entrent dans le paradis, c'est aussi un endroit intermédiaire avant d'entrer dans le nouveau ciel et la nouvelle Jérusalem.

Satan sera lié et jeter dans un grand trou où il sera enfermé pendant mille ans Rev 20; 1-3. Dans ces mille ans l'esprit de mal sera enfermé aussi avec toutes ses conséquences (La force du mal). Le règne de Jésus-Christ avec se saints sera établi sur cette terre. Après les mille ans Satan sera relâché, il sortira pour séduire les nations qui sont aux quatre coins de la terre « Gog et Magog », afin de les rassembler pour la guerre; leur nombre est comme le sable de la mer. Et ils montèrent sur la surface de la terre, et ils investirent le camp des saints et la ville bien aimée. Mais un feu descendit du ciel, et les dévora. Et le diable, qui les séduisait, fut jeté dans l'étang de feu et de soufre, où sont la bête et le faux prophète. Et ils seront tourmentés jour et nuit, aux siècles des siècles. Rev.20; 7-10(Ezech.38 et 39)

La deuxième phase; Des livres furent ouverts, et un autre livre fut ouvert, celui qui est le livre de vie. Et les morts furent jugés selon leurs œuvres, d'après ce qu'il était écrit dans ces livres. Rev.20; 12

EGLISE MERE DE PENTECOTISTE RHEMA/SEI

La dernière phase: Les nouveaux cieux et la nouvelle terre AP; 21; 1-8 Puis je vis un nouveau ciel et une nouvelle terre; car le premier ciel et la première terre avaient disparu, et la mer n'était plus. Et je vis descendre du ciel, d'auprès de Dieu, la ville sainte, la nouvelle Jérusalem, préparée comme une épouse qui s'est parée pour son époux. Et j'entendis du trône une forte voix qui disait: Voici le tabernacle de Dieu avec les hommes ! Il habitera avec eux, et ils seront son peuple, et Dieu Lui-même sera avec eux. Il essuiera toute larme de leurs yeux, et la mort ne sera plus, et il n'y aura plus ni deuil, ni cri, ni douleur, car les premières choses ont disparu. Et celui qui était assis sur le trône dit: Voici, je fais toutes choses nouvelles. Et il dit: Ecris; car ces paroles sont certaines et véritables. Et il me dit; C'est fait ! Je suis l'alpha et l'oméga, le commencement et la fin. A celui qui a soif je donnerai de la source de l'eau de la vie, gratuitement. Celui qui vaincra héritera ces choses; je serai son Dieu, et il sera mon fils. Mais pour les lâches, les incrédules, les abominables, les meurtriers, les impudiques, les idolâtres, et tous les menteurs, leur part sera dans l'étang ardent de feu et de soufre, ce qui est la seconde mort. Ensuite viendra la fin, quand le Seigneur remettra le royaume à celui qui est Dieu et Père, après avoir détruit toute domination, toute autorité et toute puissance. Car il faut qu'Il règne jusqu' à ce qu'il ait mis tous les ennemis sous ses pieds. Le dernier ennemi qui sera détruit, c'est la mort. Dieu, en effet, a tout mis sous les pieds de Jésus-Christ. Mais lorsqu'il dit que tout lui a été soumis, il est évident que celui qui lui a soumis toutes choses est excepté. Et lorsque toutes choses lui auront été soumises, alors le Fils lui-même sera soumis à celui qui lui a soumis toutes choses, afin que Dieu soit tout en tous. 1Cor, 15:24-28

Une information précise est que Le Seigneur Jésus à son tour sera soumis à celui qui lui a soumis toutes choses. A bon entendeur, deux mots suffisent, ne supprimez jamais le Père parce qu'il est réel et c'est Lui qui maitrisera tout après que Le Fils lui ait soumis toutes choses.

EGLISE DE DIEU VIVANT KINSHASA

L'Apôtre Paul et tous les hommes de Dieu modèles n'étaient pas orgueilleux à cause des grâces qu'ils avaient reçues de Dieu. Ils étaient de fois en prison, tabassés et pendus mais ils avaient gardé la foi jusqu'à la dernière minute de leur vie.

1.17 Quand je le vis, je tombai à ses pieds comme mort. Il posa sur moi sa main droite, en disant: Ne crains point! Je suis le premier et le dernier, et le vivant, j'étais mort; voici je suis vivant aux siècles des siècles. Je tiens les clefs de la mort et du séjour des morts.

Le Seigneur Jésus seul a les clefs de la vie et du séjour de la mort, que vous ne soyez jamais intimidé de n'importe quel argument; Il est vivant, Il est ressuscité pour toujours et ne goûtera plus la mort.

1.20 Le mystère des sept étoiles que tu as vues dans ma main droite et des sept chandeliers d'or. Les sept étoiles sont des anges de sept églises, et les sept chandeliers sont les sept églises. Le Seigneur Jésus-Christ met une grande importance aux églises, Il marche à leur milieu connaissant les vraies et les fausses. Les anges dans ce verset sont des messagers de L'Eglise. Ces messages dans un autre contexte sont des apôtres, des pasteurs et plus précisément des leaders spirituels qui remettent de l'ordre dans L'Eglise de Dieu.

L'apocalypse est un aperçu prophétique; ces églises couvrent une grande période et aussi les différentes caractéristiques des églises et des gents qui confessent la foi chrétienne. Les églises d'Ephèse, Pergame, Thyatire, Sardes, et de Laodicée ont reçu des condamnations tandis que celles de SMYRNE et de PHILADELPHIE ont eu des éloges.

PREMIERE LETTRE;
A L'EGLISE D'EPHESE

Ce que j'ai contre toi, ce que tu as abandonné ton premier amour".
L'église d'Ephèse représentait le temps d' après apostolique, une
église qui devait se charger des âmes et de la communion fraternelle
et ne pas se donner ardemment à L'Evangélisation sociale. Aller
partout prêcher et enseigner devait être la principale préoccupation.
L'Eglise grandissant, les serviteurs passèrent plus de temps au
diaconat qu'à la prière et la parole. Ceci allait se passer aussi au
premier moment du réveil mais les apôtres ont choisi quelques
personnes remplies de L'Esprit pour faire le travail de diaconat.
Acte 6. 1-8

Beaucoup de serviteurs de Dieu n'ont plus du temps avec Dieu, ils
se limitent aux travaux sociaux que spirituels. Le temps de prier, lire
la bible et voyager pour annoncer la parole dans d'autres endroits,
fait défaut.

Un autre volet est la froideur dans l'amour fraternel. On se donne dans l'amour par intérêt et pas réellement à la communion fraternelle. La prédication pour recevoir seulement est acceptée et on oublie que chaque écriture inspirée est utile à l'édification du corps de Christ. Dans l'Eglise primitive tout ce qu'on avait, était la propriété de Dieu, et à chaque besoin de Dieu, les chrétiens donnaient librement et avec joie et amour. Cette fois, l'homme donne à ceux qu'il fanatise et non pas nécessairement comme celui qui donne à Dieu.

« 3Ils ont, je l'atteste, donné volontairement selon leurs moyens, et même au delà de leurs moyens,

4nous demandant avec de grandes instances la grâce de prendre part à l'assistance destinée aux saints.

5Et non seulement ils ont contribué comme nous l'espérions, mais ils se sont d'abord donnés eux-mêmes au Seigneur, puis à nous, par la volonté de Dieu ».2 Cor, 8:3-5

L'égoïsme a atteint un sommet très élevé; Le mensonge, la violence et la ruse sont utilisées pour s'accaparer des biens terrestres. Oubli de la communion fraternelle. Actes 2:46-47 Beaucoup de serviteurs veulent devenir riches même avec de l'argent sale. Tout ceci entraine de faux enseignements et de fausses prophéties qui sont des offenses à L'Eternel bien que Dieu envoie toujours sa provision à ou git sa vision.

Les femmes enrichies ne se soumettent plus à leurs maris et deviennent un grand blocage à la sanctification dans les familles. Beaucoup de femmes rebelles se proclament évêques, révérendes et apôtres pendant que les maris et les enfants ne reçoivent aucun service attendu.

Le premier rôle de la femme est de s'occuper de son mari, quoiqu'une femme ait un grand nom, elle reste sous la gérance de son mari. L'Eglise ne doit pas suivre copieusement le monde. Elle doit en tout moment se référer à la Bible. « Car l'Eternel crée une chose nouvelle sur la terre. La femme recherchera l'homme » Jérémie 31, 22 La bible ne dit pas que la femme chassera l'homme ou le maltraitera. Comment une femme errante et rebelle peut prétendre servir L'Eternel ? Dieu voudra qu'elle se repente et se charge de son premier rôle divin, d'être l'aide de son mari et la suite viendra dans l'harmonie.

Tout commence par oublier le premier amour; lorsqu'on cherche la gloire et la volonté de Dieu fermement, la famille de Dieu évitera beaucoup de désordres spirituels et domestiques. A cause de l'égoïsme et l'orgueil et le manque de la patience et tolérance, le nombre des divorces dans les familles chrétiennes s'accroissent. La parole de Dieu dans Malachie 2; 13-16 Voici encore ce que vous faites: vous couvrez de larmes l'autel de L'Eternel, des pleurs et de gémissements, en sorte qu'il n'a plus égard aux offrandes et qu'Il ne peut rien agréer de vos mains. Et vous dites pourquoi…Parce que L'Eternel a été témoin entre toi et la femme de ta jeunesse, à laquelle tu es infidèle, bien qu'elle soit ta compagne et la femme de ton alliance. Nul n'a fait cela, avec un reste de bon sens. Un seul l'a fait, et pourquoi? Parce qu'il cherchait la postérité que Dieu lui a promise. Prenez donc garde en votre esprit, et qu'aucun ne soit infidèle à la femme de sa jeunesse! Car je hais la répudiation, dis L'Eternel, Le Dieu d'Israël…

Cette répudiation est haïe par Dieu, qu'elle vienne par l'homme ou par la femme. Le Seigneur y fait mention exceptionnelle que l'homme puisse la faire au cas de l'infidélité de la femme. Matt 19,9

Nous sommes arrivés à une époque où le mariage est issu de valeurs extérieures alors qu'une bonne femme est caractérisée par l'intérieur. Les femmes font des engagements non pas par vrai amour mais par intérêt matériel. Ces bases ne rassurent pas. Pourquoi chercher un conjoint qui n'a pas la même foi que toi? Circuler partout n'est pas une meilleure des façons. IL est très avantageux de se marier dans Le Seigneur au lieu de chercher en dehors. Marier les caractères et la piété vous fera échapper beaucoup de vices familiaux. Dans L'Eglise primitive on se mariait dans Le Seigneur, c'était l'unique modalité qui plaisait à Dieu et à la famille de Dieu. Le fait d'exposer le mariage, par les voyages dans les pays envies et par les choses matérielles comme signe de bénédiction arrangée par les prédicateurs n'est pas spirituel. Tout ceci est la ruse du diable. 1Jean2:15-17. Cherchez d'abord le royaume de et la justice de Dieu et toutes ces choses vous les aurez par surcroit; et au temps favorable et dans la voie de Dieu lui-même.

2Corint 6:14 Ne vous mettez pas avec les infidèles sous un joug étranger. Car quel rapport y a t-il entre la justice et l'iniquité? Ou qu'y a-t-il de commun entre la lumière et les ténèbres?

PROPHETE RUSS INTRODUIT LE PATRIARCHE DANS LE RESEAU DU MINISTERE EAGLE WORLDWIDE, HAMILTON, CANADA

Le message inspiré par le St Esprit fut administré aux saints mais dans cette église les serviteurs créent des stratégies charnelles pour intimider et motiver les gens à donner. L'amour de l'argent se fait sentir plus qu'autre chose. Combien de serviteurs qui font le plein dans les grandes auditoires et stades rien qu'annonçant le message de prospérité et de l'abondance et l'élévation instantanée. Je ne dis pas que parler de la prospérité divine est mauvais mais d'un enseignement abusif.

Parler excessivement de la sainteté et de l'amour du prochain devient une marchandise périmée. Tous ces désordres placent cette église et les gents dans une grande confusion. Si nous suivons seulement les miracles nous pouvons être attrapés par n'importe quel vent. Tout miracle ou prodige ne vient pas nécessairement de Dieu. Les diables en font aussi jusqu' à un certain niveau. Nous devons avoir un discernement pour savoir la source de ces merveilles et qui en tire gloire.

La parole de Dieu est suffisante et les miracles l'accompagneront. Les miracles ne sont pas forcés ils accompagnent la présence de Dieu dans sa parole. On n'achète pas les miracles ni les guérisons ou l'onction. Tous ces facteurs nous les recevons par la grâce de Dieu utilisant la foi. La méthode indienne de transférer l'onction par des hommes dérive du malin. C'est Le St Esprit qui donne les dons comme Dieu veut.

2;5 Souviens-toi donc d' où tu es tombé, repens-toi, et pratique tes premières œuvres; sinon je viendrai à toi, et j'ôterai ton chandelier de sa place, à moins que tu te repentes.

La grâce de Dieu et l'amour de Dieu continuent à nous suivre malgré nos faiblesses. Un mot que Dieu nous présente jours et nuits c'est de nous repentir et abandonner les œuvres de la chair. Il est vrai que le premier degré de consécration que nous avions pour Le Seigneur diminue au fur et à mesure que nous abandonnions le courage et le zèle dans la marche avec Jésus. Ceci est une grosse erreur. Il ne faut pas être dégouté de la sagesse d'en haut, ceci est notre richesse impérissable et irremplaçable. Le diable amène souvent des distractions charnelles pour séduire les élus de Dieu. Cette église devait donner beaucoup de temps a l'enseignement, à la prière et à la communion fraternelle mais elle commence à embrasser une évangélisation sociale au lieu de renforcer en premier lieu celle qui est apostolique.

1Jean 2; 15-17 N'aimez point le monde, ni les choses qui sont dans le monde. Si quelqu'un aime le monde, l'amour du Père n'est point en lui. Car tout ce qui est dans le monde, la convoitise de la chair, la convoitise des yeux, et l'orgueil de la vie, ne vient point du Père, mais vient du monde. Et le monde passe, et sa convoitise; mais celui qui fait la volonté de Dieu demeure éternellement. Les serviteurs de Dieu doivent faire attention de ne pas présenter l'amour de ce monde et de ce qui le remplit, aux gents mais par contre, présenter le ciel et la volonté de Dieu.

En perdant le chandelier, L'Eglise ou le chrétien perd son rôle de luire et dans ce cas elle devient apostâtes et attend seulement la condamnation éternelle. Ici on arrive à perdre tous les anciennes bonnes choses faites dans l'œuvre de Dieu et on est vomi par Dieu. Le pardon de Dieu est présent à tout qui le demande. Mais combien d'églises ou les hommes aujourd'hui qui ont perdu le chandelier? Tout celui qui demandera pardon, il l'obtiendra. Pourquoi attendre, il se pourra que demain soit trop tard. Construire une belle cathédrale ne dit rien au Seigneur si le chandelier ne s'y trouve plus. L'église qui l'intéresse c'est vous et non pas le building. Avoir de milliers des gens aussi ne signifie rien si ces personnes refusent de se soumettre à Dieu et porter quotidiennement leur croix. Admettre les caractéristiques de Smyrne et Philadelphie est la seule condition de garder le chandelier.

2;6 Tu as pourtant ceci, c'est que tu hais les œuvres des Nicolaïtes, œuvres que je hais aussi. Le mot Nicolaïte est grec composé de deux mots; nikao et Laos. Nikao- Conquérir, Laos- Peuple. Ceci veut dire conquérir le peuple. Dans L'église primitive, tous les dons et les ministères étaient reçus par le St Esprit comme voulait Dieu. Le Nicolaïsme apporta un ordre qu'il appelait saint et enleva les droits aux laïcs d'accéder aux activités sacerdotales. Pour être serviteur, Pour prier ou évangéliser, vous devez obligatoirement passer dans une école religieuse qui après un test pourra ordonner quelqu'un. La lecture de la bible fut interdite au peuple. Pour prier ou prêcher, un uniforme est innové. Ce que Le Seigneur Jésus reprochait aux pharisiens furent légalisé. Pour régner par la terreur on inventa le Purgatoire, disant que c'est un endroit intermédiaire avant d'aller au ciel. C'est ainsi qu'on créa les messes à l'honneur des morts disant que celles-ci facilitaient aux morts le déplacement du purgatoire au ciel. L'église hybride gagne beaucoup d'argents parce que ces messes sont payantes à différent prix. Un chrétien, bibliquement ne va pas à la messe, il va au culte où il communie avec son créateur. Les messes sont des sacrifices perpétuels du sang. Le sang offert par Jésus nous suffit. Les messes sont dédiées aux morts, tous les soi disant saints canonisés par les chefs religieux, ont un jour dans l'année qu'une messe est célébrée à leur honneur. Tout ceci est haï par Dieu. Deutéronome 18:10-12 Dans l'Eglise d'Ephèse, ces rites étaient suspects mais dans les autres églises à l'exception de Smyrne et Philadelphie étaient légalisées. On inventa ensuite une place où vont les enfants quand ils meurent, chose qui ne se trouve nulle part dans la bible.

Le mot vicaire apparut, ayant la signification " à la place du Fils de Dieu " en latin c'est VICARIUS FILII DEI. Ici on remplaça Dieu par un homme Dans le Nicolaïsme, le baptême du St Esprit et le parler en langue devient vulgaire, 1Corint 14;5. Ce phénomène plongeant l'Eglise dans une grande chute spirituelle et aussi dans une grande mutation païenne. Les uniformes, les croix, les collas, pour faire la différence alors que ceci devait être remarqué par les actes posés. Si vous observez bien vous verrez que ceci se faisait aussi chez les pharisiens. Les catéchismes, les chapelets tous vinrent dans le Nicolaïsme. Les titres non bibliques apparurent, Pape, Cardinal, Archevêque, Monseigneur, Révérend tandis que la bible nous donne les noms d'Apôtre, Prophète, Evangéliste, Pasteurs, Docteurs. Les fonctions d'Evêque, Ancien, Diacres, pour le perfectionnement des saints en vue de l'œuvre du ministère et de l'édification du corps de Christ. Eph.4; 11-14.

2;7…A celui qui vaincra je donnerai à manger de l'arbre de vie, qui est dans le paradis de Dieu. Adam et Eve au lieu de manger dans l'arbre de la vie qui se trouvait dans le paradis, ils avaient mangé dans ce qui leur avait été interdit. (Genèse 2:9-17)

Les hommes continuent à se plonger dans des abominations au lieu de faire la volonté de Dieu. La vie et le bonheur se trouvent dans la parole de Dieu. Pour avoir une vie de joie et de prospérité spirituelle et physique, il suffit de suivre les principes de Dieu. En parlant de la prospérité je ne parle pas de ce que certains télés évangélistes présentent aux enfants de Dieu. Prospérer ne signifie pas seulement être dans l'abondance matérielle. Vous pouvez être dans l'abondance sans prospérer. La prospérité dont je parle c'est d'avoir un progrès harmonieux et paisible sur tout le plan. Humiliez-vous devant le Seigneur, et Il vous élèvera. Jacques,4;10 Il est très remarquable que le diable continue à présenter le monde aux enfants de Dieu. Il l'offre par le prix de s'agenouiller devant lui. Combien d'enfants de Dieu se sont prosternés devant lui pour amasser les richesses injustes. Jéhovah Jireh doit rester notre source et non autre personne. Voici la réponse de notre Seigneur au diable.

8Le diable le transporta encore sur une montagne très élevée, lui montra tous les royaumes du monde et leur gloire,

9et lui dit: Je te donnerai toutes ces choses, si tu te prosternes et m'adores.

10Jésus lui dit: Retire-toi, Satan! Car il est écrit: Tu adoreras le Seigneur, ton Dieu, et tu le serviras lui seul.

11Alors le diable le laissa. Et voici, des anges vinrent auprès de Jésus, et le servaient

EGLISE DES AFRO-AMERCAINS A MIDDLEBURG VIRGINIA

SECONDE LETTRE;
A L'EGLISE DE SMYRNE

Cette lettre commence en montrant que Jésus, la pierre angulaire, L'Alpha et L'Omega est réellement passé de la mort à la vie et qu'Il est le premier et le dernier. Après son avènement ce sera la fin. Le temps de différentes saisons sont passées et une alternative s'offrait mais après Jésus Christ c'est la fin de toutes choses. 1Corinth 15; 12-28(à lire). Il est évident que tous les fidèles de Jésus quoique morts ils vivent et ils seront ramenés à la vie les premiers. La résurrection de tous les morts sera pour le jugement tandis que la résurrection pour l'enlèvement sera pour être avec Jésus éternellement.

Pendant la tribulation des saints, Le Seigneur était au courant. Il reconnait la pauvreté physique et matérielle de cette église quoiqu'elle soit riche spirituellement et aussi dans son investissement du ciel. Elle donne tout ce qu'elle a, elle fait tout pour plaire à Dieu voir même donner sa vie pour Dieu. Son amour est visible même pendant les souffrances elle n'a jamais renié la foi. Sa joie ne dépend pas de ce qu'elle a mais de la présence du Seigneur. Elle connait la vérité et elle la met en pratique avec zèle. Elle est assidue à la prière et à la communion fraternelle. Chacun accomplisse normalement sa tâche; Le mari est la tête de sa famille. La femme obéit à son mari et ensemble ils souffrent pour la gloire de Dieu. Les enfants sont obéissants et respectent les parents malgré la transformation des sociétés. Aucune anomie n'est acceptée dans cette église. Elle conserve la pureté et la sainteté et attend avec foi et persévérance l'avènement du Seigneur.

Cette église fut calomniée de beaucoup des maux par des gens qui se faisaient passer pour des chrétiens. Une révélation nous arrive de savoir un groupe qui se dit chrétiens alors que c'est une synagogue de Satan. Nous devons nous méfier de tout qui est apparence et aussi des démonstrations des prodiges. Satan l'a fait aussi au temps de Moise. L'église de Smyrne n'était pas ébranlée par les démonstrations de grandeurs. Elle se contentait uniquement de la parole de Dieu. Le but de cette Synagogue de Satan est de dévier les fidèles des choses saintes et avaler le monde. Soyons très prudents. Notre langage et notre comportement doivent proclamer notre foi. Nous pouvons avoir de grandes croisades d'Evangélisations et de grandes assemblées de louanges et d'adorations mais si nos cœurs ne sont pas purs, ces activités ne peuvent pas toucher le cœur de Dieu. La vérité, la sainteté, l'amour de Dieu sont capitales dans tout ce que nous faisons. Votre don ou talent peut vous amener à un niveau très élevé, mais si vous ne travaillez pas sur votre caractère, vous serez détruit par une chute libre.

2; 10…Voici, le diable jettera quelques uns de vous en prison, afin que vous soyez éprouvés, et vous aurez une tribulation de dix jours. Sois fidèle jusqu'à la mort, et je te donnerai la couronne de vie. Le diable est l'origine de toutes les tribulations des enfants de Dieu. Il passe par tous les moyens disponibles pour troubler la marche correcte avec Dieu. Son échec est déjà révélé étant donné que tous ceux qui meurent par ses persécutions gardant la foi auront la couronne de la vie.

Dix jours de persécutions représentent historiquement 10 ans de persécutions de L'Eglise par le Caesar, depuis Néron jusqu'à Dioclétien.

DIX JOURS DE LA TRIBULATION

Rev. 2:10... vous aurez une tribulation de dix jours. Sois fidele jusqu' à la mort,
Voici dix empereurs Romains, qui par un ordre causèrent les dix jours de la tribulation. Ceci se résume dans dix années de règne.

Nero	Domitian	Trajan	Marcus	Septimius
54-68 A.D.	81-96 A. D.	98-117 A.D.	Aurelius	Severus
			161-180 A.D.	193-211 A.D.

Maximinius   Decius   Valerian   Aurelian   Diocletian
235-238 A. D. 249-251 A. D. 253-260 A. D. 270-275 A. D. 284-305 A. D.

Les images sont de domaine public.

Selon L'histoire de l'église, il est dit que Néron tua les apôtres Paul et Pierre; tous ces empereurs ont entretenu la persécution mais la chose intéressante est que les derniers et le plus atroce, Dioclétien, sa femme et sa fille acceptèrent Le Seigneur Jésus et devinrent Chrétiennes.

Le règne de terreur est fini par l'avènement du roi Constantine qui fut converti au christianisme pour des raisons politiques. Celui-ci introduisit les païens dans l'église tout en apportant les choses très valeureuses dans le sacerdoce. Il fut des évêques de grandes personnalités et par sa présence à l'église beaucoup des rites religieux changèrent négativement. C'est ainsi qu'on changea aussi la forme traditionnelle du baptême. Au lieu de l'immersion ce fut l'aspersion. La raison fut de plaire aux nobles au lieu d'obéir à la volonté de Dieu. Le roi des rois lui-même fut baptisé dans l'eau abondante par immersion mais on eût la peur de plonger les dignitaires dans l'eau.

2011/01/30 01:52

RHEMA KARHALE

TROISIEME LETTRE:
A L'EGLISE DE PERGAME

Cette église fut élevée à la place du pouvoir et fut mariée par le monde. L'Eglise et L'Etat furent unifiés sous Constantin et ses successeurs. Cette église fut le jumelage du Christianisme et des cérémonies païennes. Son origine venait du tour de Babel dans l'ancienne Babylone. Cet endroit est appelé le trône de Satan ou siège, parce que ce fut la place où Satan utilisait pour corrompre l'église au paganisme. Beaucoup de dignitaires qui se convertissaient n'étaient pas sauvés. Le baptême du St Esprit devint un symbole et le parler en langues fut une bêtise

Une grande infiltration des païens entra dans l'administration de L'église. Antipas, le premier martyr d'Asie fut approché et on lui demanda; « Ne sais tu pas que le monde entier est contre toi ? Il répondit, ainsi je suis contre le monde entier. » Comme Balaam avait enseigné Balack de mettre une pierre d'achoppement devant les enfants d'Israël, ce fut de même avec l'église de Pergame, le mariage de L'Eglise et le monde.

Le peuple de Dieu accepta les rites païens tel que, la messe, l'adoration des statues, les fêtes païennes, le port des statue sur les mains et le cou. Une facture fut payée pour toute demande de la célébration de la messe à un frère ou ami décédé. Tout ceci fut l'abomination apportée par la doctrine du balamisme. LUTHER refusa en ses jours toutes ces déviations et la vente des indulgences, il fut excommunié par L'église Romaine mais pas, par celle de Christ.

Deutéronome. 18; 9-12 Lorsque tu seras entré dans le pays que L'Eternel, ton Dieu, te donne, tu n'apprendras point à imiter les abominations de ses nations là. Qu'on ne trouve chez toi personne qui fasse passer son fils ou sa fille par le feu, personne qui exerce le métier de devin, d'astrologue, d'augure, de magicien, d'enchanteur, personne qui consulte ceux qui évoquent les esprits ou disent de la bonne aventure, personne qui interroge les morts. Car quiconque fait ces choses est en abomination à l'Eternel; et c'est à cause de ces abominations que L'Eternel, ton Dieu, va chasser ces nations devant toi. Tu seras entièrement à L'Eternel, ton Dieu. Car ces nations que tu chasses écoutent les astrologues et les devins; mais à toi, L'Eternel ton Dieu ne le permet pas.

Romain 1; 21-31. Puisque, ayant connu Dieu, ils ne l'ont point glorifié comme Dieu, et ne lui ont point rendu grâce; mais ils se sont égarés dans leurs pensées, et leur cœur sans intelligence a été plongé dans les ténèbres. Se vantant d'être sages, ils sont devenus fous; et ils ont changé la gloire du Dieu incorruptible en images représentant l'homme corruptible, des oiseaux, des quadrupèdes, et des reptiles. C'est pourquoi Dieu les a livrés à l'impureté, selon les convoitises de leurs cœurs; en sorte qu'ils déshonorèrent eux même leurs propres corps; eux qui ont changé la vérité de Dieu en mensonge, et qui ont adoré et servi la créature au lieu du Créateur, qui est béni éternellement. C'est pourquoi Dieu les a livrés à des passions infâmes; car leurs femmes ont changé l'usage naturel en celui qui est contre nature et de même les hommes, abandonnant l'usage naturel de la femme, se sont enflammés dans leurs désirs les uns pour les autres, commettant homme avec homme des choses infâmes, et recevant en eux-mêmes le salaire que méritait leur égarement. Comme ils ne se sont pas soucié de connaitre Dieu, Dieu les a livrés à leur sens reprouvés, pour commettre des choses indignes, étant remplis de toute espèce d'injustice, de méchanceté, de cupidité, de malice; plein d'envie, de meurtre, de querelle, de ruse, de malignité; rapporteurs, médisants, impies, arrogants, hautain, fanfaron, ingénieux au mal, rebelles à leurs parents, dépourvus d'intelligence, de loyauté, d'affection naturelle, de miséricorde.

La déviation dans l'habillement se fait sentir dans l'église. Les tresses des cheveux, le port des boucles d'oreilles chez les hommes. Les femmes qui se présentent avec des habits séduisants, tout ceci entre dans le balamisme. L'enfant de Dieu doit être saint, sain et pieux en toute chose. Il ne doit pas être scandale à n'importe quel milieu. Pourquoi un homme se comporter comme une femme, et pourquoi une femme se présenter comme un homme dans cette génération. Les enfants de Dieu qui devaient corriger ce monde rejettent les vertus et se livrent aux traditions de ce monde. Tout ceci provoque la colère de Dieu.

2:13 Je sais où tu demeures, je sais que là est le trône de Satan. C'est triste de croire que vous êtes entrain d'adorer Dieu alors que vous faites le culte satanique sans le savoir et sans le vouloir. Beaucoup de chrétiens ont la bonne volonté mais par manque de connaissance de la parole de Dieu, ils se souillent quotidiennement. Avant de se faire membre d'une église, deux facteurs sont importants; le premier est la parole de Dieu et le deuxième est la qualité de l'enseignement et la prédication dans cette communauté. Le miracle n'est pas un facteur à considérer. Le message qui plait la chair n'est pas non plus un autre facteur. La promesse des richesses et de gains charnels est un hameçon pour te séduire. Le Seigneur Jésus nous dit que ces choses, ce sont les païens qui les recherchent. Votre père céleste sait que vous en avez besoin. Cherchez premièrement le royaume et la justice de Dieu; et toutes ces choses vous seront données par-dessus. Ne vous inquiétez donc pas du lendemain; car le lendemain aura soin de lui-même. A chaque jour suffit sa peine. Matthieu 6; 32-34.

Nous devons éviter toutes les immoralités sexuelles et toute corruption spirituelle, sinon nous nous trouverons dans le balamisme. Une pierre d'achoppement qui conduira nos âmes dans l'abomination. La façon de nous habiller, de danser et de parler doit être différente des païens. Tout ce qui peut attirer une attraction sexuelle ou du barbarisme est à éviter. Un enfant de Dieu ne peut pas se joindre à n'importe quel ordre occulte et aussi il doit s'abstenir de ne pas jurer. Que notre oui soit oui et notre non soit non. Voir aussi Deut,22; 5

2; 14 Mais j'ai quelque chose contre toi, c'est que tu as là des gens attachés à la doctrine de Balaam, qui enseignait à Balack de mettre une pierre d'achoppement devant les fils d'Israël. Cette doctrine comme nous l'avons touché au départ consiste à mettre des pièges pour faire tomber les enfants de Dieu. C'est une stratégie que le malin utilisé toujours pour souiller les enfants de Dieu. Tous ceux qui ne connaissent pas la parole de Dieu, ils se détruisent dans ces abominations. Mon peuple est détruit, parce qu'il manque la connaissance. Puisque tu as rejeté la connaissance je te rejetterai, et tu seras dépouillé de mon sacerdoce. Puisque tu as oublié la loi de ton Dieu, j'oublierai aussi tes enfants. Dis L'Eternel. Osée 4; 6

Le culte de la mère et son fils se répandit dans tous les continents. Les images et les statues de dieux furent irruption dans cette église. L'origine fut de la Babylone à Pergame et ensuite Rome, et d'ici dans le monde. Ces adorations se faisaient en utilisant les noms différents dans chaque pays. C'est ainsi qu'à Rome, vint l'adoration de Marie et son Fils dans sa main en Babylone, Sémiramis et son Fils Nimrod dans ses mains. La bible ne nous dit pas que nous devons adorer Marie. Et ceux qui continuent à pendre Jésus dans leurs maisons doivent savoir que Jésus n'est plus sur la croix. Et ceux qui portent les croix doivent savoir que les voleurs aussi étaient pendus sur les croix. Comment différencier ces croix ? Le Seigneur Jésus nous a recommandé d'adorer Dieu en Esprit et en vérité. Pas besoin des images ou des statues dans l'adoration. Ceci est appelé de l'idolâtrie.

La bible ne nous permet pas d'introduire les os des morts dans l'église disant qu'ils peuvent servir pour l'adoration. C'est de la sorcellerie. Ces reliques sont à bannir dans le temple de Dieu. Le culte aux morts n'est pas biblique, Dieu n'est pas un Dieu des morts, IL est des vivants. Un mort sa place est au cimetière, notre Seigneur et ses disciples, à leurs morts ils étaient amenés aux sépulcres et non pas dans le temple. Si nous pouvons prier pour la résurrection de ces morts, ceci pourra aller mais pas pour une activité quelconque. Après la mort c'est le jugement. Même si les sacrificateurs lisent mille messes, ce sera pour vous bouffer de l'argent. Croire en Jésus Christ et refuser les péchés reste une seule garantie pour aller au ciel. Dans cette église, la prière devient une récitation au lieu de présenter à Dieu les besoins réels. L'apport des chapelets qui augmenta la marchandise dans cette église. Où est ce que vous avez dans la bible, Jésus ou ses disciples avec des chapelets ? L'HISTOIRE DE L'EAU BENITE ET DE L'ENCENS N'A PAS DE SENS DANS L'ADORATION. Ma prière venant du cœur et de la foi, est de l'encens préféré devant Dieu, Jésus lui-même est l'eau vivante pour moi. Nous n'avons pas besoin d'une autre eau pour la bénédiction. Pour chasser les démons nous invoquons le nom de Jésus.

Les religieux se donnent beaucoup de travaux pour associer Dieu dans leurs activités mais par manque de pureté du cœur Dieu rejette et n'agrée pas leurs adorations. Amos.5; 21-24

21Je hais, je méprise vos fêtes, Je ne puis sentir vos assemblées.

22Quand vous me présentez des holocaustes et des offrandes, Je n'y prends aucun plaisir; Et les veaux engraissés que vous sacrifiez en actions de grâces, Je ne les regarde pas.

23Éloigne de moi le bruit de tes cantiques; Je n'écoute pas le son de tes luths.

24Mais que la droiture soit comme un courant d'eau, Et la justice comme un torrent qui jamais ne tarit.

QUATRIEME LETTRE; A L'EGLISE DE THYATIRE

Thyatire est le développement de Pergame. Le Balamisme et le Nicolaïsme envahirent tous les systèmes ecclésiastiques. Les faux enseignements souillèrent l'église et elle devient fantôme. Luther se leva et s'opposa acharnement à ces hérésies en disant que l'homme vivra par la foi et non pas par l'achat des indulgences. La grâce ne s'achète pas, elle est gratuite reçue par la foi. Cette église hybride caractérisait Jézabel qui plongeant Israël dans l'idolâtrie. L'église hybride introduisit aussi l'idolâtrie dans le Christianisme. Cette période est appelée l'âge des ténèbres. Personne n'était permis d'avoir une bible. C'est ainsi que les enseignements dogmatiques prirent naissance disant que l'enseignement de l'église est supérieur à la bible. Il était enseigné que le dogme est une vérité que je dois croire. Donc inutile de faire des recherches bibliques, le fidèle devait avaler tout ce qu'il entendait de l'église. L'église fut supérieur à la parole de Dieu. L'église hybride enseigna que le pape est infaillible. Tout homme est faillible. Dieu seul est infaillible. Cet homme était assis sur un trône avec ces mots VICARIUS FILII DEI, et qui se proclama, infaillible. AP.13; 11-18

11 Puis je vis monter de la terre une autre bête, qui avait deux cornes semblables à celles d'un agneau, et qui parlait comme un dragon.

12 Elle exerçait toute l'autorité de la première bête en sa présence, et elle faisait que la terre et ses habitants adoraient la première bête, dont la blessure mortelle avait été guérie.

13 Elle opérait de grands prodiges, même jusqu'à faire descendre du feu du ciel sur la terre, à la vue des hommes.

14 Et elle séduisait les habitants de la terre par les prodiges qu'il lui était donné d'opérer en présence de la bête, disant aux habitants de la terre de faire une image à la bête qui avait la blessure de l'épée et qui vivait.

15 Et il lui fut donné d'animer l'image de la bête, afin que l'image de la bête parlât, et qu'elle fît que tous ceux qui n'adoreraient pas l'image de la bête fussent tués.

16 Et elle fit que tous, petits et grands, riches et pauvres, libres et esclaves, reçussent une marque sur leur main droite ou sur leur front,

17 et que personne ne pût acheter ni vendre, sans avoir la marque, le nom de la bête ou le nombre de son nom.

18 C'est ici la sagesse. Que celui qui a de l'intelligence calcule le nombre de la bête. Car c'est un nombre d'homme, et son nombre est six cent soixante-six.

Comme Jézabel tua les prophètes de Dieu (1Roi 18; 21-40), cette église hybride amena la persécution et l'officialisation de l'adoration des statues et les images. Les gens se promenaient avec des idoles sur leur cou et dans leurs mains croyant que c'était une protection.

1Tim 4; 1-3

1Mais l'Esprit dit expressément que, dans les derniers temps, quelques-uns abandonneront la foi, pour s'attacher à des esprits séducteurs et à des doctrines de démons,

2par l'hypocrisie de faux docteurs portant la marque de la flétrissure dans leur propre conscience,

3prescrivant de ne pas se marier, et de s'abstenir d'aliments que Dieu a créés pour qu'ils soient pris avec actions de grâces par ceux qui sont fidèles et qui ont connu la vérité.

4Car tout ce que Dieu a créé est bon, et rien ne doit être rejeté, pourvu qu'on le prenne avec actions de grâces,

5parce que tout est sanctifié par la parole de Dieu et par la prière.

6En exposant ces choses aux frères, tu seras un bon ministre de Jésus Christ, nourri des paroles de la foi et de la bonne doctrine que tu as exactement suivie.

7Repousse les contes profanes et absurdes.

8Exerce-toi à la piété; car l'exercice corporel est utile à peu de chose, tandis que la piété est utile à tout, ayant la promesse de la vie présente et de celle qui est à venir.

EGLISE DE MONTREAL CANADA

Pour votre édification vous pouvez lire aussi 2 Tim 4; 1-8

2 Timothée 4

1Je t'en conjure devant Dieu et devant Jésus Christ, qui doit juger les vivants et les morts, et au nom de son apparition et de son royaume,

2prêche la parole, insiste en toute occasion, favorable ou non, reprends, censure, exhorte, avec toute douceur et en instruisant.

3Car il viendra un temps où les hommes ne supporteront pas la saine doctrine; mais, ayant la démangeaison d'entendre des choses agréables, ils se donneront une foule de docteurs selon leurs propres désirs,

4détourneront l'oreille de la vérité, et se tourneront vers les fables.

5Mais toi, sois sobre en toutes choses, supporte les souffrances, fais l'œuvre d'un évangéliste, remplis bien ton ministère.

6Car pour moi, je sers déjà de libation, et le moment de mon départ approche.

7J'ai combattu le bon combat, j'ai achevé la course, j'ai gardé la foi.

8Désormais la couronne de justice m'est réservée; le Seigneur, le juste juge, me le donnera dans ce jour-là, et non seulement à moi, mais encore à tous ceux qui auront aimé son avènement.

Le faux enseignement pour déifier Marie fut introduit, et les prières par elle en tant que la médiatrice. La bible nous dit qu'il ya un seul Dieu et aussi un seul médiateur entre Dieu et les hommes, Jésus-Christ homme, qui s'est donné lui-même en rançon pour tous. 1 Tim2.5-6

Le seul enfant que Marie a eu étant vierge est Le Seigneur Jésus. Après, elle fut la femme légale de Joseph qui enfanta biologiquement d'autres enfants.

55N'est-ce pas le fils du charpentier? n'est-ce pas Marie qui est sa mère? Jacques, Joseph, Simon et Jude, ne sont-ils pas ses frères?

56et ses sœurs ne sont-elles pas toutes parmi nous? D'où lui viennent donc toutes ces choses?

Matt 12; 46, Marc 3; 31-35, Luc.8; 19-21 lisons aussi Marc 6; 3

3N'est-ce pas le charpentier, le fils de Marie, le frère de Jacques, de Joses, de Jude et de Simon? et ses sœurs ne sont-elles pas ici parmi nous? Et il était pour eux une occasion de chute.

4Mais Jésus leur dit: Un prophète n'est méprisé que dans sa patrie, parmi ses parents, et dans sa maison.

Donc, Marie n'est pas une vierge éternelle, elle fut la femme légale de Joseph, d'autres enfants issus de son union avec Joseph. De fausses fêtes furent introduites telle que l'assomption disant que Marie est montée au ciel avec son corps. Marie est morte comme tous les saints. 3 personnes seulement dans l'histoire de la bible qui sont montées vivantes, Hénoch, Elie et notre Seigneur Jésus-Christ. La quatrième sera l'épouse de Jésus-Christ lors de l'enlèvement de son église sur la terre.

AP.2; 21, Je lui ai donné du temps, afin qu'elle se repentit, et elle ne veut pas se repentir de son impudicité. Dieu a donné du temps à l'église hybride de se repentir inclus les prédicateurs et les leaders spirituels mondains et impudiques, les chrétiens qui vivent dans la froideur de se repentir avant qu'il ne soit trop tard. Beaucoup d'appelés ont déjà souillé leurs âmes à cause de l'argent, du prestige et du matériel. Ils jeûnent et intercèdent et louent Le Seigneur uniquement pour la cause matérielle et le désir de ce monde. Leurs comportements déçoivent et présentent le monde et non Le Seigneur. Tous, nous sommes appelés à nous éprouver, si une seule goutte provenant de l'église hybride nous séduit, nous devons absolument nous repentir.

AP. 2; 22 Je vais la jeter sur un lit... ceci s'explique dans deux chapitres de la révélation, le chapitre 17 et 18 (voir aussi 2 Rois9; 30-37)

AP. 2; 23 Je ferai mourir de mort ses enfants; et toutes les Eglises connaitront que je suis celui qui sonde les reins et les cœurs, et je vous rendrai à chacun selon vos œuvres.

Les enfants de cette église hybride sont toutes les sectes et dénominations qui sont issus d'elle inclus le protestantisme.

AP. 2; 24

24A vous, à tous les autres de Thyatire, qui ne reçoivent pas cette doctrine, et qui n'ont pas connu les profondeurs de Satan, comme ils les appellent, je vous dis: Je ne mets pas sur vous d'autre fardeau; Ceux qui ne sont pas contaminés sont conseillés de retenir ce qu'ils gardent jusqu'à la venue de Christ.

Les profondeurs de Satan sont aussi les ruses de diable. Ces ruses sont comme un virus qui tue lentement mais sûrement. Bien des pratiques rendent les âmes souillées sans le savoir. Par exemple dans les jeux de carte, les gens adorent sans se rendre compte. Ils ont des Seigneurs et des Reines. On adore les images dans l'esprit. Celui qui détient le roi ou le Seigneur il a une grande joie et une euphorie comme quelqu'un qui tombe sur une certaine valeur salvatrice. C'est de l'adoration et l'idolâtrie introduite par les profondeurs de Satan. Le jeu de dame et les autres plongent les chrétiens dans les blagues et lorsque le diable veut provoquer la bagarre, le combat arrive et les dégâts deviennent sérieux.

Aujourd'hui l'invention des certains films et des théâtres qui sont remplis d'immoralités sexuelles et de la sorcellerie. Tout ce que les gents observent les envoûtent et remplissent leurs cœurs et âmes. Soyons prudents et que le diable ne nous dérobe pas notre temps pour nous envoûter. Une personne pourra passer toute une journée à regarder ces banalités et ne peut pas avoir trente minutes à chercher la présence de Dieu. Bienaimé toutes les choses qui n'édifient pas il faut vous en méfier. Nous avons beaucoup à faire, et surtout nous les serviteurs de Dieu. Ayons des programmes pour Le Seigneur. Heureux l'homme qui ne marche pas selon le conseil des méchants, qui ne s'arrête pas sur la voie des pécheurs, et qui ne s'assied pas en compagnie des moqueurs. Mais trouve plaisir dans la loi de L'Eternel, et qui la médite jour et nuit…. Psaume 1; 1-3 Toute minute perdue, vous ne la récupérerez jamais.

La promesse donnée aux gagnants c'est d'avoir autorité sur les nations « Il paîtra avec une verge de fer… et je lui donnerai l'étoile du matin.

L'EGLISE ACTUELLE DOIT FAIRE GRANDE ATTENTION A L'ESPRIT DE JESABEL.

Les responsabilités de la femme dans l'œuvre de Dieu doivent être limitées; Je ne dis pas qu'une femme ne peut pas servir Dieu. Elle doit le servir dans une dimension appropriée. Au temps de Jésus-Christ, dans le choix des apôtres, aucune femme ne fut apôtre. Dans le leadership du peuple de Dieu, à l'exception de Deborah, une autre femme n'est citée. Tout ceci veut montrer que Dieu est libre de faire une exception mais en général Dieu ne place pas souvent les femmes dans le leadership. Les disciples n'associaient pas leurs femmes dans le ministère parce qu'ils respectaient leur rôle dans la société. Etre Pasteur ne donne pas automatiquement ce ministère à sa femme. C'est Dieu qui le donne. Le corps de Christ doit admettre que beaucoup de désordres pourraient être évités, dans les églises en observant soigneusement ce problème des femmes dans le leadership. Dieu est souverain, Il peut faire une exception mais nous étant dans le leadership nous avons la responsabilité de discerner quelle est la volonté du Seigneur. Aussi, le roi Achab qui suivait scrupuleusement toutes les manipulations de sa femme pour gouverner, a fini par être ennemi de Dieu.

Le leader doit donner sa propre opinion sur l'administration spirituelle. Il n'y a pas deux visionnaires, même si les conseils sont donnés, le leader doit les éprouver s'ils cadrent avec la vision et aussi s'ils viennent de Dieu. D'autres conseils sont pour les intérêts des auteurs. Moïse fut un bon leader et celui-ci n'associait pas sa femme dans le leadership spirituel. Il cherchait Dieu nuits et jours et faisait strictement ce que Dieu lui disait. Lorsque Dieu élève un serviteur au rang d'évêque, sa femme reste son assistante en ce qui concerne son foyer mais pas dans l'organisation ecclésiastique, à moins que ce-soit une exception. Soyons prudents et ne laissons pas nos femmes trancher les affaires qui ne les concernent pas. NB: Ici il s'agit d'avoir l'appel et la connaissance, de fois si c'est la femme qui a l'appel de servir Dieu dans une dimension appropriée, dans ce cas elle devra avoir un conseiller spirituel qui l'aidera et pas nécessairement son mari quand il ne connait pas la parole et vice-versa.

La bible nous dit que les femmes sont des instruments faibles. Il est vrai que souvent les femmes jugent par sentiment et non pas par la logique des écritures. Combien d'églises aujourd'hui qui sont apostâtes à cause de l'introduction des femmes dans le leadership ? Si vous entrez dans le leadership sans avoir cette qualité, il est certain que vous serez séduit par l'arrogance diabolique et l'œuvre de Dieu sera souillée.

Une femme qui ne respecte pas son mari n'a aucun droit de faire le ministère spirituel. Le premier rôle de la femme est d'assister son mari avec amour et obéissance. Le mari également qui ne s'occupe pas de sa famille ne doit pas être admis dans le leadership. Tout est pur pour celui qui est pur. Tite.1:7-16

7Car il faut que l'évêque soit irréprochable, comme économe de Dieu; qu'il ne soit ni arrogant, ni colère, ni adonné au vin, ni violent, ni porté à un gain déshonnête;

8mais qu'il soit hospitalier, ami des gens de bien, modéré, juste, saint, tempérant,

9attaché à la vraie parole telle qu'elle a été enseignée, afin d'être capable d'exhorter selon la saine doctrine et de réfuter les contradicteurs.

10Il y a, en effet, surtout parmi les circoncis, beaucoup de gens rebelles, de vains discoureurs et de séducteurs,

11auxquels il faut fermer la bouche. Ils bouleversent des familles entières, enseignant pour un gain honteux ce qu'on ne doit pas enseigner.

12L'un d'entre eux, leur propre prophète, a dit: Crétois toujours menteurs, méchantes bêtes, ventres paresseux.

13Ce témoignage est vrai. C'est pourquoi reprends-les sévèrement, afin qu'ils aient une foi saine,

14et qu'ils ne s'attachent pas à des fables judaïques et à des commandements d'hommes qui se détournent de la vérité.

15Tout est pur pour ceux qui sont purs; mais rien n'est pur pour ceux qui sont souillées et incrédules, leur intelligence et leur conscience sont souillés.

16Ils font profession de connaître Dieu, mais ils le renient par leurs œuvres, étant abominables, rebelles, et incapables d'aucune bonne œuvre.

Lisons quelques recommandations de l'apôtre Paul aux églises.1Tim.2; 12 Je ne permets pas **à** la femme d'enseigner, ni de prendre l'autorité sur l'homme; mais elle doit demeurer dans le silence. Dans ce cas j'insiste sur la prise de l'autorité de la femme sur un homme. Bienaimé, l'accepter ou pas, une femme n'a pas été créé pour dominer les hommes. Elle peut avoir différents talents mais une chose est certaine, elle doit demeurer polie, humble respectant son mari et les hommes. Ce monde est corrompu à cause du déplacement de l'autorité de l'homme dans la famille. Dans l'ordre divin l'homme est la tête de sa famille. Comment une femme peut s'engager à passer une semaine ou un jour en dehors de son toit conjugal sans le consentement de son mari ?

Le monde amène le sujet de parité dans les institutions différentes mais écoutons ce que Dieu dit dans Genèse.3; 16

16Il dit à la femme: J'augmenterai la souffrance de tes grossesses, tu enfanteras avec douleur, et tes désirs se porteront vers ton mari, mais il dominera sur toi.

Paul dit aussi concernant l'officiant de prière; 1Tim 2; 9 « Je veux donc que les hommes prient en tout lieu, en élevant des mains pures, sans colères ni mauvaises pensées. Dans une autre version il est dit que je veux que les hommes dirigent les réunions des prières, dirigent les assemblées. Comme j'avais dit auparavant, personne ne peux arrêter la main de Dieu, Il agit comme Il veut et par qui Il veut. Mais dans le modèle de la direction divine l'homme est mieux placé pour prendre autorité, et pour décider.

Voyons maintenant les devoirs domestiques dans Ephésiens. 5; 17-33, 6; 1-3

17C'est pourquoi ne soyez pas inconsidérés, mais comprenez quelle est la volonté du Seigneur.

18Ne vous enivrez pas de vin: c'est de la débauche. Soyez, au contraire, remplis de l'Esprit;

19entretenez-vous par des psaumes, par des hymnes, et par des cantiques spirituels, chantant et célébrant de tout votre cœur les louanges du Seigneur;

20rendez continuellement grâces pour toutes choses à Dieu le Père, au nom de notre Seigneur Jésus Christ,

21vous soumettant les uns aux autres dans la crainte de Christ.

22Femmes, soyez soumises à vos maris, comme au Seigneur;

23car le mari est le chef de la femme, comme Christ est le chef de l'Église, qui est son corps, et dont il est le Sauveur.

24Or, de même que l'Église est soumise à Christ, les femmes aussi doivent l'être à leurs maris en toutes choses.

25Maris, aimez vos femmes, comme Christ a aimé l'Église, et s'est livré lui-même pour elle,

26afin de la sanctifier par la parole, après l'avoir purifiée par le baptême d'eau,

RHEMA KIGALI

27afin de faire paraître devant lui cette Église glorieuse, sans tache, ni ride, ni rien de semblable, mais sainte et irrépréhensible.

28C'est ainsi que les maris doivent aimer leurs femmes comme leurs propres corps. Celui qui aime sa femme s'aime lui-même.

29Car jamais personne n'a haï sa propre chair; mais il la nourrit et en prend soin, comme Christ le fait pour l'Église,

30parce que nous sommes membres de son corps.

31C'est pourquoi l'homme quittera son père et sa mère, et s'attachera à sa femme, et les deux deviendront une seule chair.

32Ce mystère est grand; je dis cela par rapport à Christ et à l'Église.

33Du reste, que chacun de vous aime sa femme comme lui-même, et que la femme respecte son mari.

1Enfants, obéissez à vos parents, selon le Seigneur, car cela est juste.

2Honore ton père et ta mère (c'est le premier commandement avec une promesse),

3afin que tu sois heureux et que tu vives longtemps sur la terre.

4Et vous, pères, n'irritez pas vos enfants, mais élevez-les en les corrigeant et en les instruisant selon le Seigneur.

Le Seigneur veut avoir en tous lieux des églises qui respectent cet ordre. Aucune civilisation ne peut être harmonieuse si elle ne comporte pas ces éléments de sagesse de Dieu. L'homme doit aimer sa femme, la femme respecter son mari, les enfants à leur tour respecter les parents et les parents ne doivent pas provoquer les enfants. Voila une vie chrétienne promettant et porteuse de bénédictions. Au cas contraire c'est l'autodestruction. Etre heureux est une autre option qui ne dépend pas d'un agent extérieur mais de l'individu. La satisfaction est une grande richesse spirituelle. Réjouissez-vous dans Le Seigneur. Ne faites pas le péché pour mettre quelqu'un heureux. C'est de l'idolâtrie. 1Th, 5; 16-22, Phil, 3; 1,4; 4. C'est en effet, une grande source de gain que la piété avec le contentement; car nous n'avons rien apporté dans le monde, et il est évident que nous n'en pouvons rien emporter. Si donc nous avons la nourriture et le vêtement, cela nous suffira. 1Tim, 6; 6-8 Ps.49; 17-21

CINQUIEME LETTRE; A L'EGLISE DE SARDES

Voici ce que dit celui qui a les sept esprits de Dieu; référence, Esaie 11; 2

2L'Esprit de l'Éternel reposera sur lui: Esprit de sagesse et d'intelligence, Esprit de conseil et de force, Esprit de connaissance et de crainte de l'Éternel.

1Écris à l'ange de l'Église de Sardes: Voici ce que dit celui qui a les sept esprits de Dieu et les sept étoiles: Je connais tes œuvres. Je sais que tu passes pour être vivant, et tu es mort.

Beaucoup d'églises et des ministères ont des noms merveilleux mais en réalité, ils ne sont pas vivants. Vous allez remarquer que ces noms sont pour leur gloire et d'orgueil. Se donnant un caractère mondial et salutaire.

Bon nombre de ministères spirituels commencent très bien, mais à la mort du leader, les enfants ou grands enfants les corrompent. C'est ainsi que de grands hommes de Dieu demeuraient dans la vision divine mais après leur décès une déviation arrive. Nous devons savoir que L'église de Dieu est appelée à vivre seule ayant Jésus, la bible, et le St Esprit comme partenaires. Dieu ne voulait pas qu'Israël se joint à d'autres nations. Lisons dans Nombre 22; 8-9

8Comment maudirais-je celui que Dieu n'a point maudit? Comment serais-je irrité quand l'Éternel n'est point irrité?

9Je le vois du sommet des rochers, Je le contemple du haut des collines: C'est un peuple qui a sa demeure à part, Et qui ne fait point partie des nations. Dieu n'a jamais été d'accord à l'œcuménisme, c'est une stratégie diabolique pour séduire les enfants de Dieu comme ce fut au temps de Balaam.

Au fait l'église de Sardes arrive avec la reformation. L'âge de ténèbres finit. Martin Luther présenta ses 95 thèses qui opposèrent l'église romaine. Notre Dieu est un Dieu des vivants et non des morts. Toutes ces églises avec de grands noms ne changent rien de leur état moribond. Cette église avait beaucoup d'erreurs dans sa doctrine et causèrent la mort de beaucoup d'activités spirituelles. La religion était présente qui manquait le réveil spirituel.

AP.3; 2-3

2Sois vigilant, et affermis-le reste qui est près de mourir; car je n'ai pas trouvé tes œuvres parfaites devant mon Dieu.

3Rappelle-toi donc comment tu as reçu et entendu, et garde et repens-toi. Si tu ne veilles pas, je viendrai comme un voleur, et tu ne sauras pas à quelle heure je viendrai sur toi.

La vigilance est demandée à tous les serviteurs de Dieu ainsi qu'aux fidèles. Satan serait très heureux si l'église néglige l'adoration et la louange. Il sera aussi très satisfait si nous prêchons les autres messages en méprisant celui de la sainteté et de l'amour. On fera la volonté de diable si on ne chasse plus les démons et prier pour les malades. Notre nourriture spirituelle est la parole de Dieu. Personne ne lira la bible pour nous. Chacun de nous doit avoir le temps pour Le Seigneur. Si dans tout ce que nous faisons, nous n'avons pas le temps de méditation et de prière, nous allons absolument rétrograder. Soyons vigilant; Dieu n'est pas satisfait lorsque nous ne lui donnons pas le temps de parler avec Lui quotidiennement. Il serait nécessaire de supprimer d'autres programmes et gérer sans faille le temps avec notre Père. Négliger la bible c'est rejeter le testament ou l'alliance de Dieu avec nous.

Si ces éléments ne sont pas matérialisés dans l'église et dans les ministères on devient religieux en pensant être spirituel. Vous avez un nom de vivant mais vous êtes morts. Nous revenons au sujet déjà amorcé, la façon de chanter, le genre de vie, la couleur des tapis d'une église ne doivent pas être les facteurs influençant pour s'engager dans une église ou dans un ministère. Mais plutôt la parole de Dieu et les comportements du leader de ce ministère. Un leader impudique, ivrogne, menteur ne vous emmènera nulle part. Un leader orgueilleux ne vous donnera que ce qu'il a. Vous les reconnaitrez par leurs fruits. Un bon serviteur de Dieu se distingue des autres par les paroles qui sortent de sa bouche. Il édifie et exhorte, toutes les fois en ouvrant sa bouche. Que Dieu nous pardonne des paroles inutiles qui sont quittées dans nos bouches. Si l'église ou le ministre ne croit pas à la bible, n'hésitez pas à le laisser et aller **où** la bible est crue dans toute son intégralité.

Le monde chrétien est divisé de deux groupes de croyances concernant le retour de Jésus-Christ. Les uns sont les pré-milleniums et les autres post-milleniums. Les uns disent que ce sera avant mille ans et les autres après mille ans. Mais la bible nous dit réellement que Le Seigneur viendra avant les mille ans et Satan sera lié et enfermé dans l'abîme toutes ces années. Nous qui avons de l'espoir à l'enlèvement de l'église, nous passons par une sanctification de Dieu. Référence, 1Jean 3; 2-3

RHEMA GOMA

2Bien-aimés, nous sommes maintenant enfants de Dieu, et ce que nous serons n'a pas encore été manifesté; mais nous savons que, lorsque cela sera manifesté, nous serons semblables à lui, parce que nous le verrons tel qu'il est.

3Quiconque a cette espérance en lui se purifie, comme lui-même est pur. Confère aussi, Jean 14; 3, AP.3; 11, 1Cor.15; 48-58

48Tel est le terrestre, tels sont aussi les terrestres; et tel est le céleste, tels sont aussi les célestes.

49Et de même que nous avons porté l'image du terrestre, nous porterons aussi l'image du céleste.

50Ce que je dis, frères, c'est que la chair et le sang ne peuvent hériter le royaume de Dieu, et que la corruption n'hérite pas l'incorruptibilité.

51Voici, je vous dis un mystère: nous ne mourrons pas tous, mais tous nous serons changés,

52en un instant, en un clin d'œil, à la dernière trompette. La trompette sonnera, et les morts ressusciteront incorruptibles, et nous, nous serons changés.

53Car il faut que ce corps corruptible revête l'incorruptibilité, et que ce corps mortel revête l'immortalité.

54Lorsque ce corps corruptible aura revêtu l'incorruptibilité, et que ce corps mortel aura revêtu l'immortalité, alors s'accomplira la parole qui est écrite: La mort a été engloutie dans la victoire.

55O mort, où est ta victoire? O mort, où est ton aiguillon?

56L'aiguillon de la mort, c'est le péché; et la puissance du péché, c'est la loi.

57Mais grâces soient rendues à Dieu, qui nous donne la victoire par notre Seigneur Jésus Christ!

58Ainsi, mes frères bien-aimés, soyez fermes, inébranlables, travaillant de mieux en mieux à l'œuvre du Seigneur, sachant que votre travail ne sera pas vain dans le Seigneur.

Dans cette église, une autre hérésie prit place. Elle fut introduite dans les croyances du calvinisme, notamment, la doctrine de l'éternelle sécurité, la prédestination et le rejet du retour de Christ. L'éternelle sécurité donnait l'assurance aux enfants de Dieu d'entrer au ciel malgré l'impureté spirituelle disant qu'un enfant reste toujours dans la famille même si il est dans le désordre. La prédestination enseigne que les uns sont choisis et les autres pas disant que Dieu connait déjà ceux qui seront sauvés et ceux qui ne le seront pas. On se demanderait si cela serait ainsi, pourquoi prêcher l'évangile à toutes les nations. Pourquoi le message de repentance ?

AP.3; 3

3Rappelle-toi donc comment tu as reçu et entendu, et garde et repens-toi. Si tu ne veilles pas, je viendrai comme un voleur, et tu ne sauras pas à quelle heure je viendrai sur toi.

RHEMA RESIDENCE

Nous devons nous rappeler de ces premiers enseignements qui nous ont transformés. Saisir sans relâche les paroles édifiantes qui ont créé en nous le zèle de servir Dieu avec intégrité. Nous devons revenir au premier amour de donner à Dieu avec joie. Nous devons être prêts à souffrir pour la gloire de Dieu. La chair est toujours égoïste; Depuis le temps de Jean-Baptiste jusqu'à présent, le royaume des cieux est forcé, et ce sont les violents qui s'en emparent. Matt. 11; 12

La discipline pour assujettir la chair est pour notre intérêt. Jeûner, donner à l'œuvre de Dieu, se réveiller très tôt le matin et aux heures tardives de la nuit pour communiquer avec le ciel, c'est pour notre intérêt. Avoir trop pitié de la chair conduira l'auteur dans une très grande famine spirituelle. Pour goûter la joie de L'Esprit il faut être très sensible à L'Esprit. Faute de temps pour Le Seigneur, crée l'insensibilité aux choses spirituelles.

Bienaimés, à cause de l'insensibilité aux choses divines et le manque de la foi, les hommes de Dieu sont privés de différents ministères que Dieu continue à administrer **à** ses enfants.

1. Le ministère des anges pour nous aider.
2. Le ministère des rêves et vision pour nous conduire.
3. Le ministère de voix audible pour la communication avec Dieu.
4. Les apparitions sous différentes formes pour nous encourager.
5. Les miracles divers et automatiques et sans sollicitation.

J'ai utilisé le mot ministère **à** la place du service. Ici, il ne s'agit pas de 5 ministères cités dans la lettre de Paul aux Ephésiens, chapitre quatre verset11-12, qui normalement sont pour l'édification du corps de Christ.

Tous ses services existent toujours et Dieu peut faire plus que cela, souvenez-vous du miracle de Philippe après avoir baptisé l'eunuque de L'Ethiopie ? Actes.8; 38-40

38Il fit arrêter le char; Philippe et l'eunuque descendirent tous deux dans l'eau, et Philippe baptisa l'eunuque.

39Quand ils furent sortis de l'eau, l'Esprit du Seigneur enleva Philippe, et l'eunuque ne le vit plus. Tandis que, joyeux, il poursuivait sa route,

40Philippe se trouva dans Azot, d'où il alla jusqu'à Césarée, en évangélisant toutes les villes par lesquelles il passait.

Philippe reçut premièrement le service de voix du St Esprit et le deuxième, le salut de cette autorité et son baptême et le troisième le miracle du transport, de la rivière à Azot. L'eunuque ne l'a plus vu après le baptême. Si c'était aujourd'hui, le serviteur devait s'accrocher à ce riche pour trouver tous ses besoins. C'est dans ce cas que les serviteurs sont méprisés et humiliés par les riches de ce monde. Faisons la volonté de Dieu et marchons selon L'Esprit. Que Dieu nous pardonne de ces erreurs. Tous les grands serviteurs de Dieu de l'ancien testament et du nouveau testament ne dépendaient pas de la poche de n'importe quelle personnalité alors que les rois et les dignitaires les chercher. Ils allaient **où** Dieu les voulait et à des places **où** ils avaient des devoirs. Reconstruisons de grâce le tabernacle de Dieu. Une fois, visiblement j'ai été visité par un ange dans un voyage d'évangélisation à Tororo, Uganda. Il avait transporté mes bagages, de la station de train jusque chez le pasteur Opiyo. Une fois entré dans la maison il fut disparu.

2011/01/29 06:57

EGLISE CEPAC SAYUNI

Dieu ne peut jamais intervenir dans ces façons, lorsque ses serviteurs ne connaissent pas leurs valeurs et surtout quand ils se prostituent de beaucoup de manière pour vivre. Comment voulez-vous la visitation quand vous vivez des mensonges, des truques et des fausses prophéties. Ce n'est pas tard, Dieu est toujours prêt à nous pardonner et commencer une nouvelle vie pleine de manifestations divines. Souvenez-vous de la visitation d'Abraham, d'Agar la mère d'Ismaël. La visitation de Marie. La rencontre des anges avec Marie Magdeleine. La visitation de Pierre en prison. La visitation de Paul et Sillas en Prison. Le ravitaillement d'Israël dans le désert. Le ravitaillement d'Elie par le corbeau. Le ravitaillement d'Elie par la veuve. Le ravitaillement d'Elie pendant qu'Il fuyait Jézabel. Pour ne citer que ces quelques exemples. Ces merveilles se manifestent toujours aux enfants de Dieu mais nous avons un prix à payer; l'obéissance parfaite à Dieu et la confiance totale fixée non aux hommes mais à Dieu seul. Lisons ce que Dieu nous dit concernant son dessein. Essaie.45; 3-23

3Je te donnerai des trésors cachés, Des richesses enfouies, Afin que tu saches Que je suis l'Éternel qui t'appelle par ton nom, Le Dieu d'Israël.

4Pour l'amour de mon serviteur Jacob, Et d'Israël, mon élu, Je t'ai appelé par ton nom, Je t'ai parlé avec bienveillance, avant que tu me connusses.

5Je suis l'Éternel, et il n'y en a point d'autre, Hors moi il n'y a point de Dieu; Jc t'ai ceint, avant que tu me connusses.

6C'est afin que l'on sache, du soleil levant au soleil couchant, Que hors moi il n'y a point de Dieu: Je suis l'Éternel, et il n'y en a point d'autre.

7Je forme la lumière, et je crée les ténèbres, Je donne la prospérité, et je crée l'adversité; Moi, l'Éternel, je fais toutes ces choses.

8Que les cieux répandent d'en haut Et que les nuées laissent couler la justice! Que la terre s'ouvre, que le salut y fructifie, Et qu'il en sorte à la fois la délivrance! Moi, l'Éternel, je crée ces choses.

9Malheur à qui conteste avec son créateur! -Vase parmi des vases de terre! -L'argile dit-elle à celui qui la façonne: Que fais-tu? Et ton œuvre: Il n'a point de mains?

10Malheur à qui dit à son père: Pourquoi m'as-tu engendré? Et à sa mère: Pourquoi m'as-tu enfanté?

11Ainsi parle l'Éternel, le Saint d'Israël, et son créateur: Veut-on me questionner sur l'avenir, Me donner des ordres sur mes enfants et sur l'œuvre de mes mains?

12C'est moi qui ai fait la terre, Et qui sur elle ai créé l'homme; C'est moi, ce sont mes mains qui ont déployé les cieux, Et c'est moi qui ai disposé toute leur armée.

13C'est moi qui ai suscité Cyrus dans ma justice, Et j'aplanirai toutes ses voies; Il rebâtira ma ville, et libérera mes captifs, Sans rançon ni présents, Dit l'Éternel des armées.

14Ainsi parle l'Éternel: Les gains de l'Égypte et les profits de l'Éthiopie, Et ceux des Sabéens à la taille élevée, Passeront chez toi et seront à toi; Ces peuples marcheront à ta suite, Ils passeront enchaînés, Ils se prosterneront devant toi, et te diront en suppliant: C'est auprès de toi seulement que se trouve Dieu, Et il n'y a point d'autre Dieu que lui.

15Mais tu es un Dieu qui te caches, Dieu d'Israël, sauveur!

16Ils sont tous honteux et confus, Ils s'en vont tous avec ignominie, Les fabricateurs d'idoles.

17C'est par l'Éternel qu'Israël obtient le salut, Un salut éternel; Vous ne serez ni honteux ni confus, Jusque dans l'éternité.

18Car ainsi parle l'Éternel, Le créateur des cieux, le seul Dieu, Qui a formé la terre, qui l'a faite et qui l'a affermie, Qui l'a créée pour qu'elle ne fût pas déserte, Qui l'a formée pour qu'elle fût habitée: Je suis l'Éternel, et il n'y en a point d'autre.

19Je n'ai point parlé en cachette, Dans un lieu ténébreux de la terre; Je n'ai point dit à la postérité de Jacob: Cherchez-moi vainement! Moi, l'Éternel, je dis ce qui est vrai, Je proclame ce qui est droit.

EGLISE VICTORY KASALI

20Assemblez-vous et venez, approchez ensemble, Réchappés des nations! Ils n'ont point d'intelligence, ceux qui portent leur idole de bois, Et qui invoquent un dieu incapable de sauver.

21Déclarez-le, et faites-les venir! Qu'ils prennent conseil les uns des autres! Qui a prédit ces choses dès le commencement, Et depuis longtemps les a annoncées? N'est-ce pas moi, l'Éternel? Il n'y a point d'autre Dieu que moi, Je suis le seul Dieu juste et qui sauve.

22Tournez-vous vers moi, et vous serez sauvés, Vous tous qui êtes aux extrémités de la terre! Car je suis Dieu, et il n'y en a point d'autre.

23Je le jure par moi-même, La vérité sort de ma bouche et ma parole ne sera point révoquée: Tout genou fléchira devant moi, …

SIXIEME LETTRE; A L'EGLISE DE PHILADELPHIE 3:7-8

7Écris à l'ange de l'Église de Philadelphie: Voici ce que dit le Saint, le Véritable, celui qui a la clef de David, celui qui ouvre, et personne ne fermera, celui qui ferme, et personne n'ouvrira:

D'autres se trompent en pensant que leur religion ainsi que leur culture sont très élevées. Ils sont toujours emportés par le message qui anime l'émotion et l'euphorie. Avoir ceci comme objectif, est une grosse erreur. Dans cette église Dieu nous montre que c'est Jésus qui ouvre, pas la religion, pas la culture ni la sagesse du monde ni aussi le matériel. Le Seigneur Jésus seul ouvre et celui qui ferme. Il est l'Alpha et l'Omega, le premier et le dernier.

L'enseignement qui dit que c'est Pierre qui ouvre n'est pas vrai, la clef dont Jésus a dit de donner à Pierre c'est la révélation de la parole de Dieu.

Pierre comme nous, nous avons la parole qui est la clef pour ouvrir le ciel à quiconque croit en Jésus-Christ.

8Je connais tes œuvres. Voici, parce que tu a peu de puissance, et que tu as gardé ma parole, et que tu n'as pas renié mon nom, j'ai mis devant toi une porte ouverte, que personne ne peut fermer

L'église de Philadelphie n'était pas faible spirituellement. Toutes les autres églises à l'exception de Smyrne étaient fortes par les influences soit des rois ou de la papauté. L'église de Philadelphie n'avait pas un Caesar ou un Pape mais elle gardait la parole de Dieu. Sa force fut le verbe. Peu de puissance pour Philadelphie ne signifie pas d'origine spirituelle. Qui ouvrit la porte de Pergame ? Constantin. Matt 13; 25 Les autorités et les militaires furent baptisés par ordre du roi mais ils n'étaient pas sauvés. C'est ainsi que commença le baptême par aspersion à la tête faisant honneur aux rois, nobles et dignitaires. En réalité le sens du baptême est par l'immersion. Cet acte montre la mort et la résurrection, on enterre le passé pour entrer dans une vie nouvelle. D'autres religieux disent que c'est seulement symbolique, ils sont dans l'erreur, tout ce que Jésus nous a recommandé a un sens spirituel très important. La vie spirituelle est un nouveau monde réel qui a ses lois et sa puissance. En tergiversant ses lois vous ne pouvez pas accéder à ses avantages. Qui ouvrit celle de Thyatire ? Un puissant Pape qui mit une armée dans leurs places. Qui ouvrit celle de Sardes ? Le Roi d'Angleterre avec l'Eglise Anglicane et un noble d'Allemagne à l'Eglise Luthérienne. Elles avaient les rois, l'armée et le pouvoir.

Mais L'église de Philadelphie garda la saine doctrine. Les serviteurs de Dieu prêchent ce que L'Esprit de Dieu leur donnait et non pour faire plaisir aux gens. Ces serviteurs recevaient le message directement à Dieu. L'Eglise de Philadelphie n'est pas scandalisée par toute parole qui vient de Dieu. Elle l'embrasse avec joie et prête à se repentir à tout moment. La sainteté fut une grande préoccupation de cette église. Les besoins de l'œuvre de Dieu prenaient une grande place dans leur priorité. La vraie louange et adoration furent leurs exercices quotidiens. Le partage de la parole de Dieu était entretenu avec zèle. Le témoignage de Jésus-Christ aux païens était très respecté. Voila une richesse certaine. Les chrétiens de cette église cherchaient à faire du bien à toutes occasions. Ils étaient heureux de partager avec les autres leurs bénédictions. Ils voulaient toujours servir et bénir. Ils payaient avec joie leur 1/10 de leur revenu à Dieu. Ils étaient modèles et très hospitaliers.

La sainteté n'est pas populaire autour de ce monde parce qu'elle requiert la responsabilité. Beaucoup de gents ne veulent pas être responsables de leurs comportements. Ce monde religieux cherche et recherche avec zèle les partenaires financiers. L'église de Philadelphie cherche et recherche avec zèle la présence de Dieu et la force du St Esprit sachant que, Dieu lui-même amènera les partenaires dans sa façon. C'est une promesse et pratiquement un acquis; Quand on cherche premièrement le royaume de Dieu et sa justice, toutes ces choses on les aura par surcroit.

Ces églises qui se croient riches ont déjà abandonné l'œuvre missionnaire. Elles sont très occupées seulement aux œuvres du développement social croyant qu'elles peuvent les substituer à l'évangile de Christ.

La signification du Chrétien est, semblable à Christ; celui qui a la vie de Christ. Cette vie de Christ est partagée avec les autres par le témoignage. Tout chrétien est censé exposer la vie des Christ aux autres. Il est visible, il n'a pas besoin d'être présenté, la vie de Christ parle; elle vient avec une lumière que personne ne peut éteindre. Le chrétien est une lettre écrite par Le St Esprit qui est lue par tout le monde. Il ne demande pas beaucoup d'efforts pour le détecter. Ses paroles portent de grâce et un seul nom, Le Seigneur. Il n'a pas besoin d'être justifié par les hommes, Dieu l'a déjà justifié. Il n'a pas besoin de gloire, il la donne à son Seigneur. Il est prêt à s'humilier pour rendre gloire à son maitre.

Il ne voit pas seulement ses intérêts mais ceux des autres. Il ne se mêle pas dans toutes les activités qui pourront compromettre sa foi. Il est souvent à l'endroit convenable et au temps convenable prêt à servir et prêt à adorer son Maitre à toute circonstance. Donc le chrétien de Philadelphie possédait toutes ses caractéristiques. Il répandait l'évangile par son comportement, par ses paroles, par son avoir et il avait comme priorité l'œuvre de Dieu et sa volonté. Le premier dans son programme était Dieu tout en oubliant pas ses devoirs envers sa société. Voici un homme béni, un homme heureux malgré sa situation. Sa victoire est déjà acquise. Ses pleurs sont respectés par les anges de Dieu et par le conseil des sages de l'endroit céleste.

3; 9

9Voici, je te donne de ceux de la synagogue de Satan, qui se disent Juifs et ne le sont pas, mais qui mentent; voici, je les ferai venir, se prosterner à tes pieds, et connaître que je t'ai aimé.

10Parce que tu as gardé la parole de la persévérance en moi, je te garderai aussi à l'heure de la tentation qui va venir sur le monde entier, pour éprouver les habitants de la terre.

11Je viens bientôt. Retiens ce que tu as, afin que personne ne prenne ta couronne.

Ceci montre comment Le Seigneur réserve un temps d'une grande élévation de cette église ou aux fidèles de ces caractéristiques. Les autres seront humiliés et leur orgueil ne leur amènera nulle part.

L'église de Philadelphie ou les croyants de ses caractéristiques seront enlevés et gardés par Dieu à l'heure de la tribulation. Le Seigneur nous exhorte aussi de retenir ce que nous avons afin que Satan n'y amène pas une confusion ou une déviation spirituelle. Malgré la méfiance de ceux qui semblent être supérieur et qui ne nous considèrent pas, Dieu reconnait ce que nous avons. Cela nous suffit amplement. Matt.13; 24-30

24Il leur proposa une autre parabole, et il dit: Le royaume des cieux est semblable à un homme qui a semé une bonne semence dans son champ.

25Mais, pendant que les gens dormaient, son ennemi vint, sema de l'ivraie parmi le blé, et s'en alla.

26Lorsque l'herbe eut poussé et donné du fruit, l'ivraie parut aussi.

27Les serviteurs du maître de la maison vinrent lui dire: Seigneur, n'as-tu pas semé une bonne semence dans ton champ? D'où vient donc qu'il y a de l'ivraie?

28Il leur répondit: C'est un ennemi qui a fait cela. Et les serviteurs lui dirent: Veux-tu que nous allions l'arracher?

29Non, dit-il, de peur qu'en arrachant l'ivraie, vous ne déraciniez en même temps le blé.

30Laissez croître ensemble l'un et l'autre jusqu'à la moisson, et, à l'époque de la moisson, je dirai aux moissonneurs: Arrachez d'abord l'ivraie, et liez-la en gerbes pour la brûler, mais amassez le blé dans mon grenier.

L'église de Philadelphie nous montre de valeurs impérissables et le respect de l'œuvre divine. Beaucoup d'enfants de Dieu prétendent connaitre la vérité de L'évangile, chose qui semble facile mais ceci pourrait se confirmer par leurs fruits. Il ne suffit pas seulement de connaitre mais de pratiquer pour mériter une rétribution. Mon conseil est de vous encourager d'être riche dans les bonnes œuvres tout en cherchant à être toujours agréable à Dieu et aussi aux hommes. Les couronnes seront attribuées à tous les gagnants. Si les enfants de Dieu pourraient prendre Le Seigneur au mot comme ceci se fait aux couronnes du monde, l'harmonie se ferait sentir dans nos relations avec Dieu et aussi entre nous-mêmes.

EGLISE DE QUEBEC CANADA

SEPTIEME LETTRE; A L'EGLISE DE LAODICEE

15Je connais tes œuvres. Je sais que tu n'es ni froid ni bouillant. Puisses-tu être froid ou bouillant!

16Ainsi, parce que tu es tiède, et que tu n'es ni froid ni bouillant, je te vomirai de ma bouche.

L'Eglise de Laodicée est caractérisée par le temps moderne où les chrétiens sont insensibles à la volonté de Dieu. Leurs priorités c'est le monde, on met en doute tout ce qu'on ne comprend pas. On veut toute chose instantanée. La patience est utilisée seulement à d'autres choses mais pas dans ce qui concerne le royaume de Dieu. L'identité de chrétien est effacée à cause des actions païennes dans les comportements. Le mode d'habillement est complètement séduisant. De fois il est difficile de différencier les femmes et les hommes. Les homme tressent les cheveux et portent des boucles d'oreilles, chose qui est abominable aux yeux de

Dieu. Les femmes portent des habits non respectueux et exposent leurs corps au lieu de les couvrir. Cet élément reflète le monde et la volupté et ne présage pas la sainteté. Tout ceci se fait même par les grands serviteurs de Dieu et à l'église et aussi à la télévision. Le monde l'agrée mais c'est une façon de séduire les enfants de Dieu. Bienaimés, sachons éviter toutes les ruses du diable. Notre façon de nous comporter doit présenter le Christ et montrer la différence; Notre langage doit porter des bénédictions, un langage de la foi, et celui de la grâce; Un enfant de Dieu quand il ouvre la bouche, il amène l'espoir, la paix, la piété, et en un mot l'édification dans tout le plan.

Dans cette église la piété et la sanctification n'ont pas de force. Avec toute conscience on pratique le Nicolaïsme et le Balamisme. Les chrétiens braquent toujours le mot « ne touche pas à ma vie privée » La prédication est une routine pour se faire des vedettes mettant une grande importance et beaucoup de temps à l'argent. Ces gents rejettent tous les devoirs qu'ils ont devant Dieu et réclament seulement et à haute voix les droits qu'ils croient avoir devant Dieu. Le monde est trop dans leurs cœurs, ils n'ont pas réellement le temps consacré au Seigneur. Ils pensent plaire le pasteur quand ils vont à L'Eglise et ils veulent être vantés dans l'assemblée. Tous sacrifices pour Le Seigneur leur semblent inutiles. Le mariage d'essai est aussi fait dans Laodicée. On se marie par émotions et on divorce facilement sans chercher de réconciliation.

Les adeptes de Laodicée comprennent mal la grâce; par elle, ils se justifient dans l'injustice tout en condamnant tout qui est vérité. Les faiblesses sont supportées par quelques pensées des serviteurs mercenaires, et pas par la parole de Dieu.

Dieu ne les trouve ni froid ni chaud, ils n'ont pas d'identité; Ceci désigne la nature du chauve souris, ou le caméléon.

Le Seigneur promet de les rejeter parce qu'ils sont disqualifiés par leurs œuvres; ils ne sont ni chauds ni froids.

17Parce que tu dis: Je suis riche, je me suis enrichi, et je n'ai besoin de
rien, et parce que tu ne sais pas que tu es malheureux, misérable,
pauvre, aveugle et nu,

La vraie richesse émane de Dieu, ayant continuellement la crainte de
L'Eternel. Nous ne sommes que des gérants, tout appartient à Dieu.
Dans une grande abondance, sans avoir la vie on est misérable. Le
Seigneur Jésus est notre vie. C'est un acquis eternel pour ceux qui s'y
investissent. Il est notre maitre et notre sauveur. Nous ne devons pas
nous identifier à notre avoir mais à notre devoir. Servir L'Eternel avec
tout qui est à l'intérieur et à l'extérieur. Je n'ai pas été créé pour nourrir
mes désirs mais pour faire mourir tous les désirs de ce monde en moi et
faire la volonté de Dieu. Voici une position qui détermine ma relation
avec mon créateur. Je dois faire sa volonté et non pas la mienne. Il
connait mes besoins et Il s'occupe de moi parce qu'il m'aime. Il y a une
différence nette des besoins et des désirs.

Le Seigneur considère tous ces grands hommes qui ne suivent pas sa
parole ou sa volonté comme de malheureux, misérables, pauvres et
aveugles. Tous les talents et richesses que nous détenons, s'ils ne sont
pas disposés à servir Le Seigneur, ils serviront le diable. Avec nos talents
et nos richesses, nous pouvons apporter beaucoup de gens soit à Dieu
ou dans le cas contraire à la perdition. Les biens peuvent corrompre
facilement s'ils ne sont pas utilisés pour un objectif noble. Combien des
riches qui divisent les gens au lieu de les unir pour la paix ? Combien des
riches de ce monde qui vivent dans le désordre jusqu'à mourir comme
de sans valeur ? Combien des riches qui ne respectent pas leur mariage?.
La crainte de L'Eternel est le commencement de la sagesse. Lisons dans
Luc. 12: 13-35 Une bonne leçon pour la méditation.

12car le Saint Esprit vous enseignera à l'heure même ce qu'il faudra
dire.

13Quelqu'un dit à Jésus, du milieu de la foule: Maître, dis à mon frère de partager avec moi notre héritage.

14Jésus lui répondit: O homme, qui m'a établi pour être votre juge, ou pour faire vos partages?

15Puis il leur dit: Gardez-vous avec soin de toute avarice; car la vie d'un homme ne dépend pas de ses biens, fût-il dans l'abondance.

16Et il leur dit cette parabole: Les terres d'un homme riche avaient beaucoup rapporté.

17Et il raisonnait en lui-même, disant: Que ferai-je? car je n'ai pas de place pour serrer ma récolte.

18Voici, dit-il, ce que je ferai: j'abattrai mes greniers, j'en bâtirai de plus grands, j'y amasserai toute ma récolte et tous mes biens;

19et je dirai à mon âme: Mon âme, tu as beaucoup de biens en réserve pour plusieurs années; repose-toi, mange, bois, et réjouis-toi.

20Mais Dieu lui dit: Insensé! cette nuit même ton âme te sera redemandée; et ce que tu as préparé, pour qui cela sera-t-il?

21Il en est ainsi de celui qui amasse des trésors pour lui-même, et qui n'est pas riche pour Dieu.

22Jésus dit ensuite à ses disciples: C'est pourquoi je vous dis: Ne vous inquiétez pas pour votre vie de ce que vous mangerez, ni pour votre corps de quoi vous serez vêtus.

23La vie est plus que la nourriture, et le corps plus que le vêtement.

24Considérez les corbeaux: ils ne sèment ni ne moissonnent, ils n'ont ni cellier ni grenier; et Dieu les nourrit. Combien ne valez-vous pas plus que les oiseaux!

25Qui de vous, par ses inquiétudes, peut ajouter une coudée à la durée de sa vie?

26Si donc vous ne pouvez pas même la moindre chose, pourquoi vous inquiétez-vous du reste?

27Considérez comment croissent les lis: ils ne travaillent ni ne filent; cependant je vous dis que Salomon même, dans toute sa gloire, n'a pas été vêtu comme l'un d'eux.

28Si Dieu revêt ainsi l'herbe qui est aujourd'hui dans les champs et qui demain sera jetée au four, à combien plus forte raison ne vous vêtira-t-il pas, gens de peu de foi?

29Et vous, ne cherchez pas ce que vous mangerez et ce que vous boirez, et ne soyez pas inquiets.

30Car toutes ces choses, ce sont les païens du monde qui les recherchent. Votre Père sait que vous en avez besoin.

31Cherchez plutôt le royaume de Dieu; et toutes ces choses vous seront données par-dessus.

32Ne crains point, petit troupeau; car votre Père a trouvé bon de vous donner le royaume.

33Vendez ce que vous possédez, et donnez-le en aumônes. Faites-vous des bourses qui ne s'usent point, un trésor inépuisable dans les cieux, où le voleur n'approche point, et où la teigne ne détruit point.

34Car là où est votre trésor, là aussi sera votre cœur.

35Que vos reins soient ceints, et vos lampes allumées.

Lisons aussi dans Jacques 5; 1-8 et 1Tim, 6;17-19

1A vous maintenant, riches! Pleurez et gémissez, à cause des malheurs qui viendront sur vous.

2Vos richesses sont pourries, et vos vêtements sont rongés par les teignes.

3Votre or et votre argent sont rouillés; et leur rouille s'élèvera en témoignage contre vous, et dévorera vos chairs comme un feu. Vous avez amassé des trésors dans les derniers jours!

4Voici, le salaire des ouvriers qui ont moissonné vos champs, et dont vous les avez frustrés, crie, et les cris des moissonneurs sont parvenus jusqu'aux oreilles du Seigneur des armées.

5Vous avez vécu sur la terre dans les voluptés et dans les délices, vous avez rassasiez vos cœurs au jour du carnage.

6Vous avez condamné, vous avez tué le juste, qui ne vous a pas résisté.

7Soyez donc patients, frères jusqu'à l'avènement du Seigneur. Voici, le laboureur attend le précieux fruit de la terre, prenant patience à son égard, jusqu'à ce qu'il ait reçu les pluies de la première et de l'arrière-saison.

8Vous aussi, soyez patients, affermissez vos cœurs, car l'avènement du Seigneur est proche. 1Tim, 6; 17-19

17Recommande aux riches du présent siècle de ne pas être orgueilleux, et de ne pas mettre leur espérance dans des richesses incertaines, mais de la mettre en Dieu, qui nous donne avec abondance toutes choses pour que nous en jouissions.

18Recommande-leur de faire du bien, d'être riches en bonnes œuvres, d'avoir de la libéralité, de la générosité,

19et de s'amasser ainsi pour l'avenir un trésor placé sur un fondement solide, afin de saisir la vie véritable.

AP; 3; 18

18je te conseille d'acheter de moi de l'or éprouvé par le feu, afin que tu deviennes riche, et des vêtements blancs, afin que tu sois vêtu et que la honte de ta nudité ne paraisse pas, et un collyre pour oindre tes yeux, afin que tu voies.

Le Seigneur exhorte cette église de rechercher les biens impérissables qui proviennent de Dieu. Il est vrai que la bible est pleine des promesses pour prospérer. Mais la façon dont certains prédicateurs le prêchent, manque quelques racines. Les conditions pour prospérer, on les saute. Et aussi on explique quelle est la vision de Dieu sur cette prospérité. N.B. Il ne suffit pas seulement de connaitre une réalité. Mais il serait avantageux si on la met en pratique. Beaucoup de gents connaissent le secret du salut et d'autres connaissent qu'il faut résister Satan, mais ils ne le font pas. Combien de gens qui prêchent le pardon bien que eux-mêmes sont liés, ils restent avec des rancunes et ne veulent pas oublier le mal. Vous pouvez prêcher la délivrance pendant que vous-même vous avez besoin d'être affranchi dans certains domaines de votre vie. La réponse est de mettre en pratique ce que vous connaissez, ne prétendez pas ou faire des impressions parce qu'enfin de compte votre lacune sera exposée. Lisons dans ces deux livres pour connaître la sagesse dans ce que nous venons de parler. Deutéronome 28; 1-20 Beaucoup de serviteurs prêchent de bonnes choses qui flattent le cœur mais malheureusement ce n'est pas vrai et biblique. Soyez prudents.

Deutéronome 28

1Si tu obéis à la voix de l'Éternel, ton Dieu, en observant et en mettant en pratique tous ses commandements que je te prescris aujourd'hui, l'Éternel, ton Dieu, te donnera la supériorité sur toutes les nations de la terre.

2Voici toutes les bénédictions qui se répandront sur toi et qui seront ton partage, lorsque tu obéiras à la voix de l'Éternel, ton Dieu:

3Tu seras béni dans la ville, et tu seras béni dans les champs.

4Le fruit de tes entrailles, le fruit de ton sol, le fruit de tes troupeaux, les portées de ton gros et de ton menu bétail, toutes ces choses seront bénies.

5Ta corbeille et ta huche seront bénies.

6Tu seras béni à ton arrivée, et tu seras béni à ton départ.

7L'Éternel te donnera la victoire sur tes ennemis qui s'élèveront contre toi; ils sortiront contre toi par un seul chemin, et ils s'enfuiront devant toi par sept chemins.

8L'Éternel ordonnera à la bénédiction d'être avec toi dans tes greniers et dans toutes tes entreprises. Il te bénira dans le pays que l'Éternel, ton Dieu, te donne.

9Tu seras pour l'Éternel un peuple saint, comme il te l'a juré, lorsque tu observeras les commandements de l'Éternel, ton Dieu, et que tu marcheras dans ses voies.

10Tous les peuples verront que tu es appelé du nom de l'Éternel, et ils te craindront.

11L'Éternel te comblera de biens, en multipliant le fruit de tes entrailles, le fruit de tes troupeaux et le fruit de ton sol, dans le pays que l'Éternel a juré à tes pères de te donner.

12L'Éternel t'ouvrira son bon trésor, le ciel, pour envoyer à ton pays la pluie en son temps et pour bénir tout le travail de tes mains; tu prêteras à beaucoup de nations, et tu n'emprunteras point.

13L'Éternel fera de toi la tête et non la queue, tu seras toujours en haut et tu ne seras jamais en bas, lorsque tu obéiras aux commandements de l'Éternel, ton Dieu, que je te prescris aujourd'hui, lorsque tu les observeras et les mettras en pratique,

14et que tu ne te détourneras ni à droite ni à gauche de tous les commandements que je vous donne aujourd'hui, pour aller après d'autres dieux et pour les servir.

15Mais si tu n'obéis point à la voix de l'Éternel, ton Dieu, si tu n'observes pas et ne mets pas en pratique tous ses commandements et toutes ses lois que je te prescris aujourd'hui, voici toutes les malédictions qui viendront sur toi et qui seront ton partage:

16Tu seras maudit dans la ville, et tu seras maudit dans les champs.

17Ta corbeille et ta huche seront maudites.

18Le fruit de tes entrailles, le fruit de ton sol, les portées de ton gros et de ton menu bétail, toutes ces choses seront maudites.

19Tu seras maudit à ton arrivée, et tu seras maudit à ton départ.

20L'Éternel enverra contre toi la malédiction, le trouble et la menace, au milieu de toutes les entreprises que tu feras, jusqu'à ce que tu sois détruit, jusqu'à ce que tu périsses promptement, à cause de la méchanceté de tes actions, qui t'aura porté à m'abandonner

Nous voyons qu'il y a des préceptes sur les préceptes, bénédictions dans l'obéissance et malédictions dans la désobéissance. La confession des bénédictions de quiconque qui vit dans le désordre spirituel n'est que des bruits devant L'Eternel. La bible nous dit d'observer et de mettre en pratique toutes les recommandations de Dieu. Ceci n'exclut pas ceux là qui vivent dans la crainte de L'Eternel et qui ne mettent pas la foi en pratique. Ils ne recevront pas non plus s'ils ne demandent pas avec foi. La sainteté est un facteur très important mais elle ne supprime pas la confiance totale à Dieu. Nous devons croire à toute la parole de Dieu. Il est impossible d'être agréable à Dieu sans la foi. Allons dans le livre de Jean pour méditer de ce que Le Seigneur Jésus nous parle.

Jean 15

1Je suis le vrai cep, et mon Père est le vigneron.

2Tout sarment qui est en moi et qui ne porte pas de fruit, il le retranche; et tout sarment qui porte du fruit, il l'émonde, afin qu'il porte encore plus de fruit.

3Déjà vous êtes purs, à cause de la parole que je vous ai annoncée.

4Demeurez en moi, et je demeurerai en vous. Comme le sarment ne peut de lui-même porter du fruit, s'il ne demeure attaché au cep, ainsi vous ne le pouvez non plus, si vous ne demeurez en moi.

5Je suis le cep, vous êtes les sarments. Celui qui demeure en moi et en qui je demeure porte beaucoup de fruit, car sans moi vous ne pouvez rien faire.

6Si quelqu'un ne demeure pas en moi, il est jeté dehors, comme le sarment, et il sèche; puis on ramasse les sarments, on les jette au feu, et ils brûlent.

7Si vous demeurez en moi, et que mes paroles demeurent en vous, demandez ce que vous voudrez, et cela vous sera accordé.

AP.3; 19-20

19Moi, je reprends et je châtie tous ceux que j'aime. Aie donc du zèle, et repens-toi.

20Voici, je me tiens à la porte, et je frappe. Si quelqu'un entend ma voix et ouvre la porte, j'entrerai chez lui, je souperai avec lui, et lui avec moi.

Dieu dans sa miséricorde appelle cette église de se repentir et promet de la pardonner. Est-ce qu'elle acceptera cette invitation. Le fanatisme dans de différentes religions égare beaucoup de gents. La religion est considérée comme une appartenance spirituelle alors que c'est un uniforme. L'essentiel devait être le contenu. Beaucoup de gens ne veulent même pas lire la bible, ils croient aveuglement à leurs enseignements dogmatiques. L'aspect extérieur de l'église ne dit rien. Les arrangements splendides à l'intérieur du bâtiment ne valent rien mais les cœurs des gens.

Il est très grave de constater que Jésus qui devait être le centre d'adoration se trouve à l'extérieur. Il frappe la porte mais on refuse de la lui ouvrir. Vous devez vous demander, combien d'églises qui n'ont plus Jésus-Christ dans leurs adorations. Elles sont nombreuses. L'église de Laodicée s'occupe acharnement à l'évangélisation sociale profitant beaucoup dans ces opérations tandis que Philadelphie se donne à répandre la parole de Dieu à toutes les nations. N'oublions jamais la voix de la grande commission. Matt.28; 19 et Marc16; 15-18

Avant que nous arrivions à la conclusion je prierai à tous ceux qui confessent la foi en Jésus-Christ de lire attentivement ce conseil de l'apôtre Paul. Il s'adressait aux saints ou chrétiens de Thessalonique. 2Th.2

1 Pour ce qui concerne l'avènement de notre Seigneur Jésus Christ et notre réunion avec lui, nous vous prions, frères,

2 de ne pas vous laisser facilement ébranler dans votre bon sens, et de ne pas vous laisser troubler, soit par quelque inspiration, soit par quelque parole, ou par quelque lettre qu'on dirait venir de nous, comme si le jour du Seigneur était déjà là.

3 Que personne ne vous séduise d'aucune manière; car il faut que l'apostasie soit arrivée auparavant, et qu'on ait vu paraître l'homme du péché, le fils de la perdition,

4 l'adversaire qui s'élève au-dessus de tout ce qu'on appelle Dieu ou de ce qu'on adore, jusqu'à s'asseoir dans le temple de Dieu, se proclamant lui-même Dieu.

5Ne vous souvenez-vous pas que je vous disais ces choses, lorsque j'étais encore chez vous?

6Et maintenant vous savez ce qui le retient, afin qu'il ne paraisse qu'en son temps.

7Car le mystère de l'iniquité agit déjà; il faut seulement que celui qui le retient encore ait disparu.

8Et alors paraîtra l'impie, que le Seigneur Jésus détruira par le souffle de sa bouche, et qu'il anéantira par l'éclat de son avènement.

9L'apparition de cet impie se fera, par la puissance de Satan, avec toutes sortes de miracles, de signes et de prodiges mensongers,

10et avec toutes les séductions de l'iniquité pour ceux qui périssent parce qu'ils n'ont pas reçu l'amour de la vérité pour être sauvés.

11Aussi Dieu leur envoie une puissance d'égarement, pour qu'ils croient au mensonge,

12afin que tous ceux qui n'ont pas cru à la vérité, mais qui ont pris plaisir à l'injustice, soient condamnés.

13Pour nous, frères bien-aimés du Seigneur, nous devons à votre sujet rendre continuellement grâces à Dieu, parce que Dieu vous a choisis dès le commencement pour le salut, par la sanctification de l'Esprit et par la foi en la vérité.

14C'est à quoi il vous a appelés par notre Évangile, pour que vous possédiez la gloire de notre Seigneur Jésus Christ.

15Ainsi donc, frères, demeurez fermes, et retenez les instructions que vous avez reçues, soit par notre parole, soit par notre lettre.

16Que notre Seigneur Jésus Christ lui-même, et Dieu notre Père, qui nous a aimés, et qui nous a donné par sa grâce une consolation éternelle et une bonne espérance,

17consolent vos cœurs, et vous affermissent en toute bonne œuvre et en toute bonne parole!

Nous avons un seul refuge et une seule issue qui est notre Seigneur Jésus. Tout ce que nous avons et tout ce que nous rencontrons sur cette terre, nous les avons reçus par la grâce de Dieu. Nous devons les utiliser pour la gloire de Dieu. La douleur qui se trouve dans mon cœur est causée par l'amour que j'ai pour les enfants de Dieu. Beaucoup font d'énormes activités qui coûtent leur vie alors que les recommandations de Dieu sont rejetées. Dieu n'est pas un homme pour se tromper ou oublier ce qu'il a dit. Garde ton cœur plus que toutes choses. La pureté du cœur, l'amour du prochain, le temps pour Le Seigneur, La dédication pour Le Seigneur et le respect des principes de Dieu, sont pour nous une grande richesse et une garantie pour entrer au ciel. A quoi servira à l'homme de gagner tout ce monde et perdre sa vie pour l'éternité. Dieu nous tend continuellement sa main pour que nous nous repentions et obtenir son pardon avant qu'il ne soit trop tard. Ne pensez-pas que le credo de votre église changera quelque chose dans la bible. Détrompez-vous. Tout ce que vous avez appris doit être en rapport avec la bible. Personne n'est parfait sur cette terre mais jour à jour nous devons faire des efforts pour arriver à la perfection oubliant tout ce qui est derrière nous.

Les éloges d'hier ou les échecs ne doivent pas nous limiter pour chercher la face de Dieu toujours. Dieu est toujours présent, prêt à diriger nos pas jusqu'à la perfection. Dieu nous connait très bien et c'est pour cette raison qu'il nous tend continuellement la main pour que nous puissions porter beaucoup de fruits.

7Mais ces choses qui étaient pour moi des gains, je les ai regardées comme une perte, à cause de Christ.

8Et même je regarde toutes choses comme une perte, à cause de l'excellence de la connaissance de Jésus Christ mon Seigneur, pour lequel j'ai renoncé à tout, et je les regarde comme de la boue, afin de gagner Christ,

9et d'être trouvé en lui, non avec ma justice, celle qui vient de la loi, mais avec celle qui s'obtient par la foi en Christ, la justice qui vient de Dieu par la foi,

10Afin de connaître Christ, et la puissance de sa résurrection, et la communion de ses souffrances, en devenant conforme à lui dans sa mort, pour parvenir,

11si je puis, à la résurrection d'entre les morts.

12Ce n'est pas que j'aie déjà remporté le prix, ou que j'aie déjà atteint la perfection; mais je cours, pour tâcher de le saisir, puisque moi aussi j'ai été saisi par Jésus Christ.

13Frères, je ne pense pas l'avoir saisi; mais je fais une chose: oubliant ce qui est en arrière et me portant vers ce qui est en avant,

14je cours vers le but, pour remporter le prix de la vocation céleste de Dieu en Jésus Christ.

15Nous tous donc qui sommes parfaits, ayons cette même pensée; et si vous êtes en quelque point d'un autre avis, Dieu vous éclairera aussi là-dessus.

16Seulement, au point où nous sommes parvenus, marchons d'un même pas.

17Soyez tous mes imitateurs, frères, et portez les regards sur ceux qui marchent selon le modèle que vous avez en nous.

18Car il en est plusieurs qui marchent en ennemis de la croix de Christ, je vous en ai souvent parlé, et j'en parle maintenant encore en pleurant.

19Leur fin sera la perdition; ils ont pour dieu leur ventre, ils mettent leur gloire dans ce qui fait leur honte, ils ne pensent qu'aux choses de la terre.

20Mais notre cité à nous est dans les cieux, d'où nous attendons aussi comme Sauveur le Seigneur Jésus Christ,

21qui transformera le corps de notre humiliation, en le rendant semblable au corps de sa gloire, par le pouvoir qu'il a de s'assujettir toutes choses.

CONCLUSION

Porter l'évangile, c'est porter la croix; et si pas, ce n'est pas l'évangile complet de Christ Jésus.

Dans I Pierre 5, nous pouvons tirer des leçons d'une grande valeur.

Pierre 5: 2: « Paissez le troupeau de Dieu qui est sous votre garde, non par contraintes, mais volontairement, selon Dieu: non pour un gain sordide, mais avec dévouement ».

Le troupeau appartient à Dieu et non pas à n'importe quel individu ou n'importe quelle dénomination; le troupeau de Dieu est sous votre garde; vous pouvez vous considérer comme une sentinelle qui veille aux âmes.

La Bible nous dit que le travail est volontaire et que cela ne soit pas une affaire de rechercher seulement de l'argent ou ne pas avoir l'objectif d'argent, mais des âmes.

Ne faites pas des âmes une affaire de commerce pour vous procurer des gains. I Tim.6:4-10.

Comment pouvons-nous appeler un serviteur qui travaille seulement pour l'argent ? Il est considéré comme un mercenaire. Vous ne pouvez pas servir Dieu et l'argent.

Plusieurs serviteurs qui avaient beaucoup d'onctions dans leur ministère l'ont abîmé à cause de l'amour et le désir de l'argent et d'autres ont été obligés de fuir parce qu'ils ont gâché la confiance aux gens qu'ils administraient la parole.

L'argent n'est pas le but, quoi qu'il soit très important dans la vie; le but est le royaume et la justice de Dieu; et maintenant, l'argent viendra en tant que moyen de subvenir aux besoins quotidiens.

Le prophète Balaam avait succombé à cause de la fortune que le roi Balack lui a proposée. Dieu lui a dit de ne pas aller à l'invitation de Balack, mais comme son objectif était la fortune, il a voulu obtenir un oui de la part de Dieu pour partir. Dans ce cas, il a eu ce qu'il désirait, mais ce fut pour sa ruine.

Là ou Dieu dit non, c'est toujours non. Il ne peut pas changer; nous devons nous soumettre à sa volonté. Malgré nos désirs et caprices, la parole de Dieu doit avoir une grande place dans nos administrés. Tout ce que Dieu interdit, nous ne devons en aucun cas vouloir faire contre sa volonté.

Pierre a bien dit au magicien «...Que ton argent périsse avec toi, puisque tu as cru que le don de Dieu s'acquérait à prix d'argent » Actes 8: 20.

Nous travaillons pour le Seigneur et pour sa justice. La chose la plus importante est d'être à la place où Dieu veut que nous soyons. Ga. 5: 26.

Les uns courent pour la popularité; les autres pour le matériel; les autres pour les aventures; mais tout ceci fini mal.

Etre sur le lieu que Dieu nous veut est très important; et les bénédictions viendront sûrement sur cet endroit.

Tout serviteur de Dieu doit savoir en premier lieu qu'il travaille pour le Seigneur et non pas pour la seule limite de sa dénomination. Ainsi, celui-ci doit s'abstenir à ne pas salir le travail des autres Ministres de l'église, et doit donner la parole sans distinction de communauté partout où il est appelé à servir.

Tous, Serviteurs de Dieu, nous devons savoir que la vraie promotion ne vient que de Dieu; et si nous faisons de truc pour en avoir, nous risquons de perdre le royaume et les dons de Dieu à cause du nom Révérend, Evêque, Représentant, Pasteur, Ancien de l'église. Mieux vaut rester un « choriste » qui se donne fidèlement plutôt que d'être ancien de l'église quand on ne connaît pas la parole de Dieu; mais parce que tu es riche, tu t'es imposé par les cadeaux de le devenir Malheur à toi: Mieux vaut te repentir et attendre la volonté de Dieu ou la promotion de Dieu.

Juges 9: 8-5. (Légende biblique des arbres)

Ce n'est pas pour rien que Jésus s'était humilié pour laver les pieds de ses disciples. Il nous a recommandé de continuer à le faire pour l'imiter. Cette recommandation nous interpelle tous à nous humilier les uns aux autres pour nous rendre service. Ce service peut être spirituel ou matériel. Soyons fidèles dans les petites choses avant de donner l'impression de faire les grandes. Nous devons éviter à nous éclabousser mais nous devons au contraire enlever de la boue qui se trouve sur nos frères dans la foi. Même dans la chute spirituelle, nous devons être les premiers à offrir nos sacrifices pour relever le blessé. La chute spirituelle est possible d'arriver à un enfant de Dieu. Dans ce cas, nous qui sommes debout, ne devons pas nous réjouir et en faire une actualité édifiante;

elle ne la sera jamais, elle doit être un sujet de prière. Sachez que se taper la poitrine à cause de n'importe quelle situation crée seulement l'orgueil. Nous devons veiller jour et nuit et chacun de nous doit faire la sentinelle à l'autre pour lui annoncer les dangers éventuels qui peuvent endommager notre relation avec Dieu. Voyons Galate. 6; 1-10

1Frères, si un homme vient à être surpris en quelque faute, vous qui êtes spirituels, redressez-le avec un esprit de douceur. Prends garde à toi-même, de peur que tu ne sois aussi tenté.

2Portez les fardeaux les uns des autres, et vous accomplirez ainsi la loi de Christ.

3Si quelqu'un pense être quelque chose, quoiqu'il ne soit rien, il s'abuse lui-même.

4Que chacun examine ses propres œuvres, et alors il aura sujet de se glorifier pour lui seul, et non par rapport à autrui;

5car chacun portera son propre fardeau.

6Que celui à qui l'on enseigne la parole fasse part de tous ses biens à celui qui l'enseigne.

7Ne vous y trompez pas: on ne se moque pas de Dieu. Ce qu'un homme aura semé, il le moissonnera aussi.

8Celui qui sème pour sa chair moissonnera de la chair la corruption; mais celui qui sème pour l'Esprit moissonnera de l'Esprit la vie éternelle.

9Ne nous lassons pas de faire le bien; car nous moissonnerons au temps convenable, si nous ne nous relâchons pas.

10Ainsi donc, pendant que nous en avons l'occasion, pratiquons le bien envers tous, et surtout envers les frères en la foi.

NOUS DEVONS SAVOIR MAITRISER CES GRANDS POINTS DANS NOTRE MARCHE AVEC LE SEIGNEUR.

LA FOI

Detrompons nous, sans la foi il est impossible de plaire a Dieu; malgre tout ce que nous traversons et tout ce que nous voyons nous devons demeurer dans la foi en parole et en action.

Si vous n'arrivez pas à comprendre vous ne pouvez pas prendre. Vos prières et vos cris ne disent rien si vous ne comprenez pas. Souvent les gens présentent des positions religieuses au lieu de prendre Dieu à ses mots. Ceci est appelé la foi en Dieu; ceci est appelé l'audace de la foi; ceci est appelé la victoire dans la lutte de la foi. Chaque graine qui ne vient pas de Dieu sera enlevée mais celle qui vient dans le rhema produira et se multipliera. Comprendre et Prendre; Refuser et être Rejeté sont les vocables qui se présentent. Dieu est; sa parole est puissante si nous la prenons avec une grande considération. Lorsque la prostituée de la bible avait compris l'évangile, elle a fait une action devant Jésus qui lui donna une transformation et un nouveau nom. La veuve avec tout ce qu'elle avait elle investit dans l'évangile et n'est pas rentrée comme elle était venue. Toutes ces deux ont compris et elles ont pris. Qu'est ce que vous avez fait de spécial pour Jésus? Quand est ce que tu comptes le faire? Vous devez comprendre pour prendre de position. Bartimée l'aveugle avait compris et son action a fait qu'il ne soit plus aveugle. Il est possible pour toi de décrocher ta solution si tu enlèves l'habit religieux et te dresser celui de la foi. Parle avec ta montagne de se déplacer elle disparaitra. La position que tu prendras aujourd'hui te fera une gloire que tu n'as jamais vue. Tout est possible a celui qui croit, ceci est une vérité pour tout. Cette année est tienne, si tu acceptes, tes yeux verront la gloire de Dieu, tes mains toucheront les bénédictions de Dieu; cette maladie incurable disparaitra au nom de Jésus. L'ARGENT TE CHERCHERA PARCEQU'IL FRAPPERA SUR TA PORTE ET VOUS AUREZ L'OPTION DE CHOISIR OU DE REFUSER. Dieu est ta force et ta délivrance. Je te bénis au nom de Jésus et déclare ta délivrance juste maintenant, je détruis les forteresses qui t'handicapent d'avoir du succès. Aucun démon se tiendra devant toi si tu comprends et marche dans cette révélation

UNITE; pas de compétition, pas du racisme, pas de fanatisme, pas de ségrégation, pas du sabotage, pas d'impolitesse, pas de médisance, pas d'hypocrisie, pas de jalousie, pas des querelles, pas de vengeance, pas de naïveté. Eccl.4;9-10 Jean.17;21 1Cor.1;12-13

Le lien qui vous hante, qui vous prend à cœur vous suivra partout, c'est impossible de l'oublier, au cas où il est un obstacle il faut à tout prix le vaincre dans le sang de Jésus. Ne le défendez pas mais condamnez le et le résister chaque jour. Un écolier sait qu'il doit se lever le matin pour aller à l'école; ce lien est dans son cœur et est sa priorité quotidienne. Si réellement nous sommes liés dans l'unité nous la défendrons et la prioritisera pour aboutir à notre destin avec beaucoup de progrès.

AMOUR; compréhension, tolérance, esprit de sacrifice, interdépendance, support, perméabilité, flexibilité, pardon, compassion. Marc.12;30-31 Jean.13;34-35 1Cor.13;1-5 l'amour de Dieu doit nous accompagner dans toutes nos décisions. Sans cet amour nous sommes les ennemis de Dieu.

La parole de Dieu nous pourvoit la vérité dont nous avons besoin pour grandir, le peuple de Dieu nous pourvoit du support, dont nous avons besoin pour grandir. Les circonstances nous pourvoient l'environnement dont nous avons besoin pour pratiquer les œuvres de CHRIST. RICK WARREN

DISCIPLINE; accepter l'autorité établie, travailler avec conscience, répondre positivement aux devoirs envers Dieu et les autres, respecter le programme, respecter les priorités même si on va perdre quelques plaisirs, s'attacher complètement aux objectifs à remplir, obéissance à Dieu et à l'hiérarchie spirituelle pour l'avancement de l'œuvre. Donner le meilleur à Dieu. Esprit réel de sacrifice pour l'achèvement des buts déterminés. 2Ti.2;15-19,22-26

3,16-17, 4;1-8 Rom.13;1-4,7-11 Eph.4;1-32

SAINTETE; vivre dans la vérité, ne pas regarder ni se souvenir du passé négatif, pas d'injures ou calomnie, éviter les milieux malsains spirituellement, éviter la volupté et ne pas être également une occasion de chute pour les autres, éviter l'esprit de division sous toutes ses formes. Eviter l'orgueil dans tout ce que vous faites plutôt rendez grâce à Dieu en toute chose. Eviter la vantardise mais élever Jésus. N'ayez pas un esprit de condamnation mais priez pour les autres en différentes circonstances. Eph;1;4 5;27 1Pi.1;15 Levi 19;2 Pr. 8; 13, 1Cor. 15; 3

RESISTANCE; à tout esprit qui ne concorde pas avec l'évangile de Christ, résister toutes les actions de Satan sur toi, sur ta famille, sur tes amis, sur tes connaissances et dans la famille spirituelle, ne pas accepter ni tolérer ou pactiser aux œuvres diaboliques. Résister les mauvais désirs et décharger à Dieu ceux là qui te semblent une montagne. Jacques.4;7

2Pi.5;5-9,2Co.10;5-6

VIE DE PRIERE; étant dans une relation intime avec le Seigneur, votre esprit ne peut s'arrêter à prier, à louer Dieu partout où vous vous trouverez, même dans votre lit, au dessus de toutes choses, vous devez avoir un moment précieux réservé pour Le Seigneur.

Si vous êtes très occupés et vous n'avez pas ce temps, prière de vous en passer de quelques programmes tout en sachant que la rencontre personnelle avec Dieu doit être une des priorités dans votre vie. Ceci ne peut pas être remplacé par la prédication ou d'autres œuvres religieuses. Luc.18;1,Act;3;1

ENDURANCE ET PERCEVERANCE; Ceci est le point très saillant, qu'il s'agisse du jeûne, à l'entente de l'exaucement de nos prières, et de recevoir progressivement l'onction. Pour le changement de situation ou pour l'attente a l'élévation, pour l'attente à la réalisation de la vision divine; pour la réalisation de toutes les œuvres de la foi ainsi qu'à toutes les attentes et prophéties. Ce n'est pas facile mais Dieu connait le jour, l'heure, le lieu et les circonstances. Et si sa volonté est autre que ce que nous voulons, que sa volonté soit faite et sa volonté n'est pas de nous attrister. Matt.10;22

24;13, Heu.6;15 Jas.5;11, 2 Tim.3;9-16, Job.23;8-10

COURAGE; avec le courage nous osons approcher le trône de Dieu pour le faire intervenir dans les situations difficiles (chasser les démons, prier pour les malades, proclamer les paroles de la foi).

Nous confessons notre foi sans honte et doute. Deut.31;6 PS. 27;14 Jos, 1;6-7

INTEGRITE; Nous devons prouver notre intégrité et fidélité devant Dieu, devant nous même et devant le monde extérieur dans lequel nous avons des interactions. Luc 16;10 Pr.11;3

ENSEIGNEMENT ET COMMUNION; Vous n'êtes plus des étrangers, ni des gents du dehors; mais vous êtes concitoyens des saints, gents de la maison de Dieu.

Vous êtes créé pour un rôle spécifique, mais vous pouvez rater votre deuxième but de votre vie quand vous n'êtes pas attaché dans une église locale. Nous découvrons nos rôles dans la vie à travers nos relations avec les autres. Le Seigneur a dit; Je construirai mon église, et tout le pouvoir de l'enfer ne peut la détruire. Matt.16;18

La différence entre un participant à l'église et un membre de l'église, est l'engagement.les participants sont des spectateurs et les membres sont engagés dans le ministère. Vous pouvez passer toute votre vie à rechercher une église parfaite vous ne la trouverez jamais, la condition sine qua non est la pratique de la parole de Dieu. Le refus à la doctrine de Balaam et le Nicolaïsme. Voici une église où je vous recommande de vous engager. Vous êtes appelés à vivre dans la communauté se supportant les uns et les autres. Ro.15;1-2 Galate. 6;1-2

Les disciples persévéraient dans l'enseignement des apôtres, dans la communion fraternelle, dans la fraction du pain, et dans les prières. Act.2;42

Et non seulement ils ont contribué comme nous l'espérions, mais ils se sont donnés eux mêmes au Seigneur, puis a nous, par la volonté de Dieu. 2Cor.8;5

2 Corinthiens 8

1Nous vous faisons connaître, frères, la grâce de Dieu qui s'est manifestée dans les Églises de la Macédoine.

2Au milieu de beaucoup de tribulations qui les ont éprouvées, leur joie débordante et leur pauvreté profonde ont produit avec abondance de riches libéralités de leur part.

3Ils ont, je l'atteste, donné volontairement selon leurs moyens, et même au delà de leurs moyens,

4nous demandant avec de grandes instances la grâce de prendre part à l'assistance destinée aux saints.

5Et non seulement ils ont contribué comme nous l'espérions, mais ils se sont d'abord donnés eux-mêmes au Seigneur, puis à nous, par la volonté de Dieu.

6Nous avons donc engagé Tite à achever chez vous cette œuvre de bienfaisance, comme il l'avait commencée.

7De même que vous excellez en toutes choses, en foi, en parole, en connaissance, en zèle à tous égards, et dans votre amour pour nous, faites en sorte d'exceller aussi dans cette œuvre de bienfaisance.

8Je ne dis pas cela pour donner un ordre, mais pour éprouver, par le zèle des autres, la sincérité de votre charité.

9Car vous connaissez la grâce de notre Seigneur Jésus Christ, qui pour vous s'est fait pauvre, de riche qu'il était, afin que par sa pauvreté vous fussiez enrichis

Gloire à Dieu !

Serviteurs de Dieu, n'oubliez pas que Dieu est concerné pour tous vos problèmes « Persévérance et foi vous sont demandées et ne pas aller contre la volonté de Dieu.

La volonté de Dieu est le numéro UN.

Tous les cris sont inutiles; et mourir dans la volonté de Dieu, est mieux que de mourir avec de grands succès contre la volonté de Dieu.

Nous ne devons pas faire de l'église de Christ ce que nous voulons, ce que nous désirons, MAIS CE QUE CHRIST VEUT.

Quelques fois, les gens aiment les fausses prophéties qui les encouragent dans leur laisser - allez, mais sachez que la prophétie qui est vraie doit marcher en concordance avec la bible; et si pas, elle est à rejeter.

Jérémie 5: 31

« Les prophètes prophétisent avec mensonge, et les sacrificateurs dominent par leur moyen; et mon peuple l'aime ainsi.

Et que ferez- vous à la fin ?

L'Eternel met une grande importance sur les conducteurs spirituels parce que ceux - ci doivent être des modèles; et ipso - facto, les croyants ou les fidèles seront marqués par les exemples de leurs chefs.

Ainsi, tout celui qui est à la place de premier rang doit s'abstenir de tergiverser la volonté de Dieu parce qu'il risque d'égarer tous les autres qui le suivent.

Nous avons beaucoup d'exemples concrets que nous voyons dans plusieurs religions.

Il est difficile d'enlever une mauvaise conception aux fidèles au cas où leurs conducteurs la soutiennent.

Esaïe 24: 2

« Et il en sera, comme du peuple, ainsi du sacrificateur; comme du serviteur, ainsi de son maître: comme de la servante, ainsi de sa maîtresse; comme de l'acheteur, ainsi du vendeur »

Une autre chose que les conducteurs doivent faire avec rigueur, c'est la pratique de tout ce qu'ils enseignent.

Si vous enseignez aux gens concernant la dîme, soyez le premier; si vous vous enseignez concernant les prières, jeûnes.

Le donner et le recevoir, vous devez le faire, vous aussi, sciemment.

« Il faut que le laboureur travaille avant de recueillir les fruits ». 2 Timothée 2: 6

Beaucoup de serviteurs de Dieu veulent recueillir des fruits, mais ne veulent pas travailler. Alors, ceux - ci se compromettent et veulent entrer dans les champs qui ne les concernent pas pour recueillir. Ceux - ci sont des voleurs. Et ils n'ont même pas honte.

Nous tous (laboureurs) serviteur de Dieu, nous devons d'abord travailler premièrement pour que nous jouissions des fruits.

Les conducteurs ont un grand rôle à jouer dans le travail de Dieu; et par leur manquement, beaucoup de gens peuvent souffrir et s'égarer.

Souvenez- vous de 10 conducteurs Hébreux sur 12, au temps de Moïse, qui ont fait que de milliers de gens périssent dans le désert à cause des doutes et de la peur.

Nombres 13: 3, 31; 14: 1 - 10 (conseil de lire les chapitres 13 et 14 entiers).

Les 10 conducteurs ont fait révolter le peuple et leur punition se trouve dans Nombres 14: 28 -29. «...Vos cadavres tomberont dans ce désert. Et tous ceux d'entre vous qui étaient dénombrés, selon tout le compte qui a été fait de vous, depuis l'âge de vingt ans et au dessus, vous qui avez murmuré contre moi excepté Caleb, et Josué Mais vos petits enfants je les ferai entrer et ils connaîtront le pays que vous avez méprisé ».

Dieu est très juste et ne peut pas punir un conducteur juste, même si les conduits ont refusé la direction. Caleb et Josué, parmi de milliers et de milliers, ont sauvé leur vie à cause de la foi qu'ils avaient en Dieu. L'incroyance des conducteurs est très mauvaise et détruit les brebis. La direction de Dieu est très importante. Etre conducteur, c'est porter le fardeau.

Nous ne devons pas faire de l'église de Christ ce que nous voulons, ce que nous désirons, MAIS CE QUE CHRIST VEUT.

Quelques fois, les gens aiment les fausses prophéties qui les encouragent dans leur laisser - allez, mais sachez que la prophétie qui est vraie doit marcher en concordance avec la bible; et si pas, elle est à rejeter.

Jérémie 5: 31« Les prophètes prophétisent avec mensonge, et les sacrificateurs dominent par leur moyen; et mon peuple l'aime ainsi. Et que ferez- vous à la fin ?

L'Eternel met une grande importance sur les conducteurs spirituels parce que ceux - ci doivent être des modèles; et ipso - facto, les croyants ou les fidèles seront marqués par les exemples de leurs chefs.

Ainsi, tout celui qui est à la place de premier rang doit s'abstenir de tergiverser la volonté de Dieu parce qu'il risque d'égarer tous les autres qui le suivent.

Nous avons beaucoup d'exemples concrets que nous voyons dans plusieurs religions.

Il est difficile d'enlever une mauvaise conception aux fidèles au cas où leurs conducteurs la soutiennent.

csolidarity@yahoo.fr
Dr. RAHA MUGISHO
PATRIARCHE DE LA FOI